Comment régler ses comptes avec l'argent

Marie-Claude François-Laugier

Comment régler ses comptes avec l'argent

PAYOT

106, boulevard Saint-Germain, 75006 Paris

AVANT-PROPOS

Parlons enfin d'argent !

Au cours de ma double vie de financière et de thérapeute, j'ai pu constater que bien rares sont les personnes – à commencer par moi-même ! – qui entretiennent avec l'argent des rapports vraiment neutres : l'utiliser engendre souvent un sentiment de culpabilité ; en parler rend mal à l'aise ; dans les couples, en famille, dans les entreprises, il peut générer des comportements malsains ou invalidants.

Trop de gens souffrent à son sujet, de désir, de besoin, de frustration, de peur de ne plus en avoir, ou de ne pas en posséder assez, ou d'en dépenser trop et de retomber dans le gouffre du manque. Or, si l'on consulte des médecins et des psys pour dépression nerveuse, angoisses, frigidité ou impuissance sexuelle, alcoolisme, dépendance aux drogues, ou plus simplement parce qu'on se sent seul, on consulte rarement pour l'argent en tant qu'objet de souffrance. Et pourtant, en écoutant notre entourage, nos amis, en nous écoutant nous-mêmes, quel que soit le symptôme, on entend brusquement parler d'argent derrière l'amour, le couple, les enfants, un héritage, les parents, les problèmes professionnels. On ne dit pas « J'ai mal à l'argent », mais on évoque une rupture, un divorce, un licenciement, des opérations financières ratées ou réussies, une faillite, l'angoisse du futur, les injustices familiales subies ou ressenties, la crainte de ne pas être payé, l'anxiété des échéances, l'amertume d'avoir été dépossédé ou escroqué, ou le souci d'une certaine sécurité.

Dans ces cas, l'argent s'insinue, empoisonne les relations ; il est sujet de conflits, de phobies, de paroles déraisonnables et agressives ; à cause de lui, des couples se séparent, des familles se déchirent, mais on reste là dans le domaine de la simple névrose. Il existe cependant des situations plus extrêmes où la fixation de la pensée et des actes sur l'argent peut entraîner de graves pathologies. Ainsi, certaines personnes s'enferment dans la rétention et l'avarice ; d'une méfiance paranoïaque, s'isolant du monde, elles peuvent trouver, au bout du compte, la mort. D'autres se perdent dans les dépenses compulsives, la prodigalité et l'endettement excessif ; elles se mettent elles-mêmes en danger, ainsi que leurs proches. Et d'autres, enfin, sombrent dans l'obsession de l'accumulation, au mépris de tout autre objectif et de tout autre intérêt. Ces personnes sont réellement malades de l'argent et, bien qu'elles n'en aient pas toujours conscience, ont besoin de suivre un traitement et d'être aidées.

Que représente l'argent pour vous ? Posez cette question à votre entourage, à vos amis, à vos collègues – vous serez surpris de la multiplicité des réponses ; chacun projette sur ce mot ses propres désirs, ses propres craintes et ses propres fantasmes : les uns disent que c'est le rêve, la liberté, la jouissance, le plaisir, le pouvoir, la réussite, l'accès aux biens matériels ; les autres parlent de bonheur (comme si l'on ne pouvait être riche et désespéré), de facilité, de douceur d'existence, de vie (avoir de l'argent, ou ne pas en avoir, serait comme être ou ne pas être) ; d'autres, au contraire, évoquent la tristesse, le malheur, le manque ; et d'autres, moins nombreux il est vrai, un flux permanent qui doit circuler, un simple et unique moyen d'échange, d'existence et de mesure.

D'où vient que nous ayons des rapports si compliqués avec l'argent ? Comment nous empoisonne-t-il la vie quotidienne ? Et quels sont les moyens de prendre un peu de distance avec lui ? Dans la première partie de ce livre, je vous propose de vous pencher sur l'argent intime, sur votre histoire personnelle avec l'argent. Nous remonterons le temps, jusqu'à la toute petite enfance, et verrons comment, par exemple, les modèles parentaux peuvent nous marquer à jamais. La volonté de puissance, mais aussi la peur de l'argent, les désirs de valorisation personnelle et la dépendance à l'argent seront abordés. Nous verrons ensuite comment, une fois adultes, les problèmes surviennent, ce qui se passe quand, par exemple, dans un couple, l'un veut faire payer l'autre, ou l'un gagne plus que l'autre, ou les partenaires se séparent. J'évoquerai bien évidemment les affaires d'héritage, mais aussi le rôle joué par l'argent dans les relations entre les parents et les enfants. Nous croiserons enfin des acheteurs compulsifs et des malades du jeu et, à ce moment, réfléchirons aux impulsions, à l'anorexie financière, à la spirale des achats et des dettes. Une fois vos relations personnelles à l'argent mieux cernées, je vous propose, dans une deuxième partie, de passer de l'autre côté du miroir, de faire connaissance avec la psychologie de ceux qui, banquiers ou financiers, manipulent l'argent des autres, de voir quels sont les moyens actuels de devenir riche et, surtout, quels sont les règles de prudence à suivre – par exemple si vous vous adonnez à la Bourse *on line* – et les écueils à éviter.

Il n'est pas facile de régler ses propres comptes avec l'argent. Que vous en ayez beaucoup ou peu, j'ai voulu dans ce livre vous y aider. Vous ne trouverez pas forcément ici « la » réponse à tous vos problèmes, à toutes les questions que vous vous posez – et c'est bien normal, puisque vos attentes font certainement partie du problème ! –, mais j'espère que ce livre vous aura ouvert des pistes de réflexion personnelle pour adopter à l'égard de l'argent une attitude décomplexée, plus saine et plus claire.

*
**

Avant d'aborder les différentes manifestations des maladies d'argent, bénignes ou malignes, dans les étapes de notre existence, voulez-vous vous interroger sur les sentiments que vous nourrissez à l'égard de ce dieu ou démon, en réfléchissant simplement à son sujet sur les quelques thèmes suivants ?

• Je suis toujours silencieux quand il s'agit d'argent. Je n'ai envie ni d'en parler, ni d'y penser. Je préfère éviter la question. Peut-être pourrais-je cependant lire ce qu'en pensent les autres, par intérêt purement intellectuel ou par amusement.

• Le souci des moyens financiers me plonge dans un état de manque, de désir, d'insatisfaction, d'anxiété, de colère, d'envie à l'égard de ceux qui en ont en abondance. Il m'arrive même de faire des insomnies à ce sujet.

• Je ferais n'importe quoi pour me procurer de l'argent – certes, en restant dans la légalité, mais en mentant à moi-même et aux autres, à mon employeur, à mon banquier, à ma famille. Ensuite, j'ai honte et je culpabilise, quoique j'éprouve une certaine satisfaction d'avoir « gagné » ce que je voulais.

• Je veux obtenir une certaine aisance et la montrer en dépensant sans compter, en invitant les autres, en faisant des cadeaux, en étant reconnu comme quelqu'un de très généreux, même si je sais qu'il serait plus raisonnable d'épargner. Bref, je me mets en danger dès lors que je me sens aimé et apprécié.

Si vous vous êtes reconnu, pas de panique ! Cela ne signifie pas forcément que vous soyez gravement atteint, mais plutôt que vous avez besoin d'y voir un peu plus clair sur tel ou tel point...

PREMIÈRE PARTIE

L'argent intime : vos relations personnelles avec l'argent

« On sait que les pauvres sont chagrins de ce que tout leur manque, et que personne ne les soulage ; mais s'il est vrai que les riches soient colères, c'est de ce que la moindre chose puisse leur manquer, ou que quelqu'un veuille leur résister. »

LA BRUYÈRE

CHAPITRE PREMIER

Besoins, puissance, addiction

D'où viennent les relations souvent problématiques que nous entretenons avec l'argent ? Dans quel cadre psychique et symbolique se situent-elles ? Pourquoi et comment dépendons-nous de l'argent ? Un retour aux sources s'impose, tant il semble que tous nos comportements, toutes nos attitudes vis-à-vis de l'argent tirent leur origine de notre petite enfance et de l'inscription en nous, jusqu'à l'âge adulte, des modèles parentaux.

L'argent, l'enfant et les modèles parentaux

Dans les premières années de notre existence, nous n'avons aucune idée de ce qu'est l'argent, aucune représentation de cet objet qui n'est pas encore doté d'image concrète. Vers quatre ou cinq ans, nous nous rendons compte que c'est avec l'argent qu'on peut acquérir des biens essentiels : du pain, une poupée, des billes... et que, par conséquent, nous dépendons de nos parents ou de ceux qui nous élèvent pour satisfaire nos envies. Jusqu'à la puberté, l'argent ne sert qu'à acheter des choses, pour nous-même ou notre famille. Certes, les espèces sous forme de pièces ou de billets de banque nous « parlent », mais, d'une manière générale, les chèques ou les cartes de crédit n'ont guère encore de signification, sauf pour prendre des billets « dans le mur », comme me répondit un jour, de manière charmante, un enfant de sept ans à qui je demandais ce que c'est que l'argent. « C'est ce qui sort du mur », disait-il, témoignant qu'il n'en concevait que les billets fournis par un distributeur automatique...

Un banquier raconte à cet égard une histoire significative : rentrant un soir directement à la maison à l'issue d'une transaction réalisée en province, il montre à son fils de dix ans un chèque de cent dix millions de francs à l'ordre d'un client. L'enfant reste muet, ce rectangle de papier n'ayant aucun sens pour lui, jusqu'à ce que son père lui indique le nombre de maisons, de voitures, de scooters, d'ordinateurs, de chaînes hifi, etc., qu'il pourrait acheter avec une telle somme. Alors seulement le fils est ébloui et impressionné par tant d'objets qui pourraient ainsi lui appartenir ou lui être accessibles.

C'est que les besoins primaires du petit d'homme sont ceux de la nourriture, solide ou liquide, et de la sécurité. Il veut être rassasié, mais aussi avoir chaud, être aimé, soigné, et ne pas se sentir en danger ou en situation de précarité. L'état de manque, qu'il pourra retrouver transformé à l'âge adulte, concerne donc la faim, la soif et l'absence de la mère. Ses désirs une fois satisfaits, il se repose et s'endort, mais les manifeste avec énergie dès qu'il les ressent au réveil, car l'assouvissement dure rarement très longtemps ; c'est par nature un état provisoire. Nous l'apprenons à la maturité.

Si l'enfant sait très tôt qu'il peut éprouver de la satisfaction en avalant des aliments, il découvre aussi qu'en retenant ou en expulsant ses excréments, il peut se faire plaisir. Cette notion est développée par Freud dans sa théorie sur la sexualité infantile à la phase anale et c'est en la complétant que, dès 1908, le père de la psychanalyse lie à jamais l'analité et l'argent : « En vérité, partout où a régné ou bien persiste le mode de pensée archaïque, dans les civilisations anciennes, dans le mythe, les contes, les superstitions, dans la pensée inconsciente, dans le rêve et dans la névrose, l'argent est mis en relation intime avec l'excrément[1]. »

Bien entendu, l'enfant ne sait pas encore l'importance de ses fèces ; il en prendra conscience un peu plus tard, lors de la phase dite de l'acquisition de la propreté, dans la relation avec son très proche environnement, comme cadeau, ou à la limite comme instrument de chantage pour affirmer sa propre volonté. Soudain, la défécation devient une relation à la famille et surtout à sa mère – ou à la personne qui en tient lieu –, puisqu'il doit obéir à cette dernière en faisant – en donnant – à heures dites dans un réceptacle adéquat, alors que cette obligation l'interrompt dans des occupations plus intéressantes à ses yeux. Mais il peut alors s'affirmer et entrer dans un rapport d'opposition – de haine,

1. Sans doute est-ce pour cette raison que l'on dit que « l'or pue », ou que, au contraire, « l'argent n'a pas d'odeur » ; et que l'argent de provenance douteuse peut être « sale » et, dès lors, « blanchi ».

dirait la psychanalyse – en conservant ce cadeau potentiel et en jouir pour lui seul, ce qui correspondrait aux prémisses de l'avarice.

Dans cet éclairage, les excréments deviennent une valeur d'échange ou de rétention, comme l'argent plus tard dans la vie. Ils sont les symboles d'un trésor que peut garder l'enfant en lui et, par assimilation, ceux d'une puissance vénérée. On peut se souvenir à cet égard de la scène du film *Le Premier Empereur* de Bertolucci, au cours de laquelle les selles de l'enfant Pu-Yi sont recueillies dans un vase précieux et transportées comme dans une cassette « en lieu sûr » par des servants presque éblouis. C'est ultérieurement, dans ce qui est nommé « l'après-coup », qu'il pourra éventuellement se remémorer l'importance pour lui et les autres de ce qui se détachait de lui, ou de ce qu'il pouvait conserver à titre de plaisir personnel et unique. C'est alors son seul mode d'emprise sur un monde extérieur perçu comme menaçant, face à un danger latent qu'il ne peut exprimer aux adultes. On retrouve cette attitude avaricieuse chez les adultes soucieux de contrôle et d'accumulations financières, comme moyen de protection personnelle et de ré-assurance. La conservation est une modalité de défense et un barrage contre l'insécurité.

L'histoire suivante est une illustration frappante des liaisons entre la rétention, les matières sales et la richesse cachée. Une dame âgée décède dans son vaste et bel appartement de sept pièces, situé dans le XVIe arrondissement de Paris. On la sait fortunée. À l'ouverture de la succession, le notaire et les héritiers présumés pénètrent dans l'appartement et sont saisis par la saleté et l'odeur épouvantable qui y règnent. La vieille dame vivait dans une seule pièce, dans un état d'incurie et d'insalubrité repoussantes, alors que ses coffres en banque contenaient et abritaient de vraies richesses en lingots d'or et titres. Le plus surprenant repose sur le fait qu'elle s'était retirée pour exister et mourir, dans l'unique pièce libre, puisqu'elle avait accumulé dans les six autres les immondices de plusieurs années. L'on pourrait s'interroger sur ce qui se serait passé si elle avait vécu plus longtemps ; mais elle s'était arrangée pour mourir à temps, sans être engloutie ou étouffée par l'ordure. Cette attitude est évidemment le reflet d'une pathologie extrême et peu répandue de l'argent. Mais il est certain que l'on constate souvent un développement croissant de l'avarice au fur et à mesure que nous avançons en âge, comme si les richesses accumulées pouvaient exorciser la mort. L'homme se protège comme il le peut contre cette idée insupportable, de même que le petit, lorsqu'il a peur et se sent menacé, nie le danger réel ou imaginaire et se réfugie dans le retrait, afin de diminuer la tension émotionnelle qui l'habite.

L'enfant acquiert le sens de l'argent avec celui de l'autonomie, ses toutes premières années ayant été marquées par la dépendance à l'égard de ses proches. Il baigne dans le milieu familial où l'on « vit » l'argent de manière particulière. L'univers qui lui est ainsi offert lui présente des modèles parentaux qui resteront des références pour toujours, soit dans l'imitation, soit dans la réaction. C'est la raison pour laquelle nos images et émotions infantiles marqueront à jamais notre manière d'agir vis-à-vis de la richesse ou de la nécessité.

Pour affronter le monde extérieur et sa réalité,

l'enfant se structure et se fortifie avec les images de pouvoir, de force et d'autorité, habituellement transmises par le père, mais aussi de plus en plus de nos jours par la mère. Il peut être conduit à se construire en opposition avec ces notions, mais elles restent synonymes de liberté et d'indépendance, et nombre d'adultes expriment que l'argent leur permet de vivre comme ils l'entendent, autonomes, en sécurité et libres, « sans rendre de comptes à quiconque ».

L'indépendance devient à la fois familiale et économique et l'on accède à l'âge adulte lorsqu'on est capable de « vivre de ses propres moyens ». On le verra au chapitre II, certains parents, pour conserver un pouvoir sur leurs enfants, ce qui peut aussi représenter une marque d'amour, tiennent à les « entretenir » et à leur donner des moyens de subsistance ou de superflu jusqu'à un âge avancé, les maintenant dans un état de non-autonomie infantile. Le lien d'assujettissement ainsi consolidé, le foyer paraît sans failles et les petits ne partent pas puisqu'ils ne peuvent « voler de leurs propres ailes », comme des oisillons n'ayant pas fait l'apprentissage de l'envol.

Cette inscription en nous des modèles parentaux se retrouve par exemple dans les trois histoires suivantes.

Fabienne, trente-huit ans, qui voue à sa mère, décédée il y a cinq ans, une adoration sans limites, s'attache comme elle à équilibrer en fin de mois les comptes du ménage, sans excédent de rentrées ni de dépenses, mais sans aucunement prévoir un avenir jugé trop lointain, puisqu'il y a la mort. D'ailleurs, elle se refuse à évoquer le sujet monétaire, ou à réclamer quoi que ce soit à qui que ce soit et s'avoue même incapable de solliciter une augmentation de son employeur, même si elle sait que sa rémunération est inférieure aux normes habituelles. Elle tient à rester discrète, pudique et modérée, à garder ses distances, tant qu'il s'agit de l'objet « argent ». Elle est à cet égard dans une attitude typique d'évitement systématique.

Michel, cinquante-cinq ans, encore hanté par l'endettement excessif de ses parents disparus et par les images de fréquentes visites d'huissiers dans l'appartement familial, se cantonne à une vie parcimonieuse dans laquelle toute dépense doit être soigneusement jaugée avant d'être effectuée. Il veille cependant à ce que ses enfants vivent « bien » selon ses normes et aient un « avenir assuré », sans sursaut face à des coups de sonnette imprévus ou à des lettres recommandées, mais aussi sans plaisir inattendu et non planifié.

Jean-Louis, quarante-neuf ans, sans enfants, alternativement entrepreneur et doté du statut de travailleur indépendant, se réfère sans cesse à l'injonction paternelle : « l'argent doit être le produit du travail » et tient obstinément à ne pas entamer le patrimoine hérité, même dans les temps les plus difficiles pour ses diverses entreprises, car ce qui lui a été donné ne peut pas être engagé dans le risque. Il s'attache donc à vivre de ce qu'il produit seul, sans s'autoriser la moindre fantaisie de dépense, sauf à en avoir par lui-même les moyens strictement adaptés. C'est pour lui la façon d'acquérir ce qu'il croit être son autonomie d'adulte, par construction, mais dans l'obéissance.

Enfin, certains enfants peuvent être marqués par

une déclaration péremptoire de leurs ancêtres au berceau. Il s'agit le plus souvent de ceux qui sont nés avec « une cuiller en or dans la bouche » et qu'on a toutes raisons de ne pas plaindre. Je me demande pourtant ce que deviendra ce bébé auquel sa grand-mère, épouse et mère de riches et célèbres financiers, affirmait en se penchant au-dessus de son landau : « Tu es superbe, tu as déjà une tête de banquier. » Souhaitons qu'il se distancie de cet oracle trop précoce...

Test : comment les modèles parentaux vous ont-ils marqué dans vos relations avec l'argent ?

• Avez-vous toujours peur du manque d'argent, que vous ayez des souvenirs douloureux de drames familiaux à ce sujet, d'endettements incontrôlés de votre père, de dilapidation de biens de la part de vos grands-parents, de visites furtives de votre mère au Mont-de-Piété, ou encore d'huissiers surgis de nulle part ? Si la réponse est positive, ce qui serait normal, vous pouvez aborder les deux questions suivantes.

• Cherchez-vous alors pour vous protéger, à vivre dans l'austérité, avec une tendance à la privation en vous refusant tout plaisir de dépense ? Ce serait une réaction légitime de défense, de protection et de prudence, à la condition qu'elle n'aboutisse pas à une attitude excessive vis-à-vis de votre entourage en le privant de tout bien-être.

• Au contraire, dites-vous, pour oublier l'enfance, que vous faites fi des problèmes d'argent, que vous ne souhaitez plus y penser et qu'il faut vivre sans crainte du lendemain et dans l'instant, même s'il s'agit d'un comportement risqué ? Il y a ici une réaction de défi dans l'insouciance affichée, avec en dernière extrémité une mise en danger de votre petit monde familial, au prix, fréquemment, de mensonges infinis. Si vous n'y preniez garde, ce comportement aboutirait à la stricte répétition des scènes de la maison parentale.

Vous pouvez également réfléchir aux injonctions familiales par rapport auxquelles ou en réaction desquelles vous vous êtes construit.

• Par exemple, cherchez-vous, consciemment ou inconsciemment, à obéir à vos parents s'ils vous avaient donné des conseils ou des ordres de gestion financière rigoureuse : en vivant de vos propres moyens ; en travaillant « durement pour nourrir votre famille et pour économiser » ; en étant autonome afin de ne dépendre de personne ; en développant le patrimoine familial, sans l'entamer, afin de le léguer intact et embelli à vos descendants ? Acquiescer à ces paroles peut vous conduire à une attitude irréprochable dans la lignée familiale, dans l'hypothèse où vous n'en ressentez aucune souffrance, où vous avez fait intérieurement un vrai choix d'adulte, et où vous ne vous enfermez pas dans un comportement trop rigide et définitif, sans aucun aménagement.

• Au contraire, vous êtes-vous construit en réaction contre ces injonctions sévères sur le plan financier, en vous faisant plaisir dans une dépense « sans compter », en entamant, voire en dilapidant, ce qui vous a été laissé, en vivant au jour le jour à tout prix ? Là encore, tout est une question de dosage : seul l'excès est nuisible, surtout s'il s'accompagne de honte dissimulée et de culpabilité intolérable.

La course à la puissance

Autrefois, écrit Montherlant dans *Le Maître de Santiago*, « on aimait l'or parce qu'il donnait le pouvoir et qu'avec le pouvoir on faisait de grandes choses. Maintenant, on aime le pouvoir parce qu'il donne l'or et qu'avec cet or, on en fait de petites ». Cette phrase implacable, prononcée par un Espagnol du XVIe siècle *via* un écrivain du XXe siècle, nous place au cœur des rapports entre la puissance supposée – le pouvoir – et l'argent.

Au début de notre vie, la monnaie est le premier moyen d'accès au monde réel ; c'est un mode de troc qui crée un lien social pour l'enfant. Peu à peu, ce dernier entend, apprend, lit que la fortune est une preuve de réussite et qu'elle permet d'acquérir la puissance sur les autres et le monde. Alors, l'argent devient le moteur qui fait avancer.

Ceux qui ressentent un certain vide intérieur cherchent inlassablement à le combler en se remplissant d'or ou d'autres objets jugés positifs, croyant masquer le grand manque ou l'indicible peur par ce qu'ils se procurent à l'extérieur. Le langage commun associe ainsi la satisfaction des besoins primaires à la richesse et à la puissance : on a « l'appétit du gain » et « la soif du pouvoir ». Souvenons-nous à ce sujet de l'histoire de Midas rapportée par Ovide. Midas était stupide, certes, et

Apollon le gratifiera d'oreilles d'âne, mais préalablement à cette servitude, il avait demandé à Bacchus, qui ne pouvait rien lui refuser en raison de ses rapports avec Silène, que tout ce qu'il toucherait désormais se transformât en or, par amour de cet objet et par désir de pouvoir. Mais l'or est stérile et les aliments que Midas porte à sa bouche sont transformés en métal précieux, mais non nourricier. Affamé, assoiffé, le héros supplie Bacchus de le libérer de son vœu ; le dieu lui ordonne alors de se tremper dans le fleuve Pactole – terme synonyme actuellement d'un don monétaire du Ciel – pour revenir à l'humanité normale permettant de satisfaire les besoins habituels de la faim et de la soif. Midas obéit et c'est la raison pour laquelle on retrouverait de l'or dans les sables des fleuves.

La fortune, quel qu'en soit le niveau, apporte l'autorité privée dans la famille et la relation à l'autre. Dans l'entreprise, dans l'industrie, en politique, elle est associée à une image de puissance généralement admise, connue de tous, dotée de prestige... ou sujette à contestation. Elle devient synonyme de domination et de contrôle sur la communauté ou les institutions. Les grands groupes mondiaux, industriels ou financiers, peuvent faire et défaire les pouvoirs politiques. Dans le domaine public, l'argent se situe en amont et en aval du pouvoir. Il peut d'abord permettre d'y accéder, qu'il s'agisse de patrimoine individuel ou des moyens des partis politiques et des syndicats. Un exemple célèbre en a été fourni par l'ancien président des États-Unis, Richard Nixon, qui a obtenu la fonction suprême, donc financé ses campagnes électorales, grâce à ce qu'il avait accumulé dans l'industrie alimentaire – « les cacahuètes », a-t-on dit.

La puissance détenue autorise ensuite l'individu, entrepreneur ou homme politique, à agir sur les êtres et les choses, à l'extrême dans un schéma d'emprise. On sait que cette domination et cette souveraineté conduisent quelquefois à l'excès ou à la tyrannie et inclinent à l'enrichissement personnel au mépris du bien commun. Les affaires contemporaines de corruption rapportées quotidiennement par les médias ont rendu tristement célèbres ces tentations devenues des déviations. C'est là une vision pessimiste, qui aboutirait à la fondation de générations de potentats au pouvoir excessif et absolu. Certes, il existe des débordements dans la détention simultanée ou successive de la puissance et de l'argent ; ce n'est cependant pas une loi universelle et l'homme est libre de s'orienter vers la répartition et la redistribution. Il n'en reste pas moins que la course vers la fortune et le pouvoir, qui sont étroitement liés, fascine l'humanité depuis toujours, indépendamment de l'utilisation qui en est faite.

« Si j'avais de la fortune, disent certains, j'aurais la puissance, je dominerais le monde et les autres, j'imposerais ma loi et mon bon vouloir, je serais indépendant de tous, séduisant et viril, j'aurais du temps et je serais libre. » Que de rêves et de fantasmes se cachent derrière la notion d'argent ! L'argent nous renvoie une image en miroir idéalisée et flatteuse de nous-mêmes, qui nous croyons alors protégés, sécurisés, forts et invincibles. Il donne la possibilité de tout exiger et, idéalement, de tout obtenir. C'est dans la profusion qu'il engendre ces sensations, comme l'écrivait Balzac à propos du financier Nucingen : « [Il] avait compris ce que nous ne comprenons qu'aujourd'hui, que l'argent n'est une puissance que quand il est en quantités disproportionnées. » Pour Freud, la fortune – *das Vermögen* – et la puissance sont assimilables l'une à l'autre. L'argent porte la signification du monde réel en étant à la fois un moyen de vivre et d'acquérir du pouvoir sur les autres. Si l'on possède ces divers éléments, on pourrait dans l'imaginaire faire reculer la mort et même devenir immortel. Vie éternelle et sexe sont ainsi indissociablement associés à la richesse dans la pensée humaine.

Des exemples célèbres d'hommes détenteurs d'une puissance financière significative et incontestable, se faisant construire des bunker-remparts contre la mort et y décédant, sont fournis par Howard Hughes et, plus récemment, par le banquier Edmond Safra, succombant à la peur, enfermé dans sa salle de bains fortifiée et refusant d'en sortir, tant il était terrifié par la présence d'agresseurs imaginaires. Au cinéma, Citizen Kane a donné avec la forteresse de Xanadu, un modèle de protection imaginaire pour l'éternité : elle contient des richesses fabuleuses et la mort avec sa faux ne saurait l'attaquer. L'illusion est totale, mais elle peut rassurer. Entre-temps, Kane, incarné par Orson Welles, a réussi à imposer, grâce à sa fortune, une cantatrice médiocre, la puissance de l'argent pouvant amener docilement le goût des foules à se modifier.

Le pouvoir financier et l'emprise sexuelle pourraient être également et étroitement liés. C'est ainsi qu'un condamné pénal, emprisonné pour escroqueries diverses, avoua en prison qu'il avait aussi commis des crimes sexuels sur de très jeunes mineurs, tant son besoin de contrôle sur les êtres et les biens se situait au-delà de sa conscience. Il avait d'ailleurs sollicité d'être maintenu en incarcération car ses désirs illicites et criminels lui paraissaient irrépressibles.

Dans son imaginaire, l'homme associe depuis toujours pouvoir et activités liées au commerce monétaire. Ceux qui les exercent seraient dotés d'une aura de puissance perçue comme illimitée. Il s'agit notamment du maniement supposé de l'argent de l'État par les ministres des Finances et de celui de la fortune privée par les banquiers. On suppose chez le banquier une sorte de don, un pouvoir quasi magique de faire fructifier l'argent des autres et de protéger leur patrimoine des vicissitudes économiques. Aux yeux de certains, il est même paré d'un droit illimité de vie et de mort – au moins économique – parce qu'il possède et peut utiliser des outils de rétorsion et de punition à l'encontre des clients défaillants pour les faire sortir du circuit bancaire.

De cette puissance terrifiante – et illusoire –, l'histoire fourmille d'exemples. Ainsi, le surintendant Fouquet – dont le nom, en vieux français, signifie curieusement « écureuil », l'animal qui amasse et thésaurise –, devenu célèbre grâce à La Fontaine et, plus tard, sur un mode romancé, grâce à Alexandre Dumas, avait déjà, au XVIIe siècle, par sa fortune acquise de façon douteuse et contestée, une autorité sur le royaume et la royauté elle-même. Il ne pouvait s'empêcher de l'étaler fastueusement, notamment dans le château de Vaulx-le-Vicomte, ce qui avait entraîné la grogne de Louis XIV, qui n'avait pas la même richesse et dépendait indirectement de celle de son surintendant. La colère du souverain atteignit son comble face aux fortifications édifiées par son « marquis de Belle-Île » dans l'île du même nom, qui lui avait été, ou qu'il s'était attribuée. Plus tard, avant la faillite retentissante de son Établissement, le banquier Law, inventeur des assignats, eut grâce à son talent financier un réel ascendant sur Louis XV. « [Il] prenait la place du roi qui ne gardait que les apparences de la puissance. Celle-ci était entre les mains de celui qui avait enseigné au monde que le miracle de la multiplication de l'argent n'avait pas besoin d'avoir partie liée avec le Ciel. [...] Law pouvait acheter le monde[1]. » La puissance de l'or dépasse-t-elle à ce point celle de la nation ?

En 1923, Marcel Mauss soulignait, dans son *Essai sur le don*, la déification de Mother Property, « Dame Propriété », déesse-mère de la fratrie dominante, celle des aigles, c'est-à-dire des détenteurs de la puissance. L'exemple était celui d'une population de l'Alaska, les Haïda, mais on la trouve aussi en Asie avec la pièce principale du jeu des bâtonnets, où la reine déifiée, qui possède le pouvoir, « gagne tout ». Elle domine encore largement le monde aujourd'hui.

L'homme croit avoir comblé ses vides personnels grâce à la propriété, la fortune ; il se retrouve ainsi rassuré. La puissance et le pouvoir sur autrui justifient à eux seuls tous ses actes. Il lui reste alors à les montrer et à les démontrer.

---

1. Serge Viderman, *L'Argent en psychanalyse et au-delà*, Paris, PUF, 1992.

Test : cherchez-vous le pouvoir à tout prix ?

- Estimez-vous que l'argent donne le pouvoir et que celui-ci fait accéder à la fortune ?
- Êtes-vous disposé à faire tout, et le reste, pour acquérir l'une et l'autre ?
- Pensez-vous que la richesse signe la réussite, indépendamment de toute remise en question personnelle ?

Si vous répondez « oui » à ces trois questions, vous êtes sur la voie du pouvoir à tout prix et vous y parviendrez très vraisemblablement... aussi longtemps que vous n'aurez pas d'état d'âme à ce sujet. Toutefois, si au faîte de la puissance vous vous remettiez en cause et vous demandiez à quoi sert tout cela, vous pourriez réfléchir à vos motivations profondes et sans doute infléchir le pouvoir acquis vers d'autres choses que votre seul bien personnel.

Si vous répondez par l'affirmative à deux questions sur trois, la puissance vous attire plus que tout, mais vous hésitez sur les moyens à mettre en œuvre, par scrupules, prudence, ou encore par le côté définitif et de la lutte pour la conquérir.

Enfin, si deux de vos réponses sont négatives, c'est que vous n'êtes pas mûr ou disponible pour le combat sans merci qui mène au pouvoir.

L'ostentation et la valeur

« [Le chef chimpanzé] est presque toujours le plus visible et le plus impressionnant parce qu'il sait mieux que quiconque se servir des pierres, des branches et des objets qui l'entourent pour faire illusion. Il est expert dans l'art de faire du bruit ou d'attirer l'attention de la troupe en agitant une branche d'arbre ou en lançant des pierres. [...] Selon elle [Jane Goodall], le fait que Mike [« un jeune chimpanzé aux dents longues »] ait eu l'idée de se servir de bidons d'essence vides, pour se faire entendre et se faire remarquer, a largement contribué à la réussite de sa carrière. En effet, ce jeune chimpanzé [...] ne s'est jamais séparé de son bidon pendant la période de prise du pouvoir. [...] Quand ce n'est pas un objet qu'il exploite, le chef chimpanzé augmente sa visibilité en adoptant des postures particulières[1]. » Les hommes descendent des grands primates, c'est bien connu. Si donc ils ont accédé, par leur succès et leur fortune, à la position de chef, de femelle ou mâle dominant, il s'agit de le montrer et de le faire remarquer, selon l'image sociale du pays ou du moment. La panoplie signe la réussite et permet de se distinguer du commun des mortels.

On acquiert la montre de Cartier ou de Rolex, on porte les chaussures de Lobb, les chemises de Charvet, les cravates d'Hermès, on fume les cigares de Davidoff, on fréquente et on invite dans les plus grands restaurants, on descend dans les hôtels de luxe, on circule en BMW, en Mercedes ou en Rolls-

1. Marie Muzard, *Ces grands singes qui nous dirigent*, Paris, Albin Michel, 1993.

Royce ; les femmes sont habillées par les grands couturiers et parées des joailliers proches de la place Vendôme à Paris ou de la Cinquième Avenue à New York, soit qu'elles aient pu s'assurer la possession des vêtements et des bijoux par elles-mêmes – fait encore assez rare –, soit que leurs « mâles dominants » aient ainsi voulu marquer leur territoire de possession et d'exhibition ; aux États-Unis, les nouveaux millionnaires de la Silicon Valley s'installent dans d'immenses villas avec piscines, font planter dans leurs parcs des arbres tropicaux et ne se déplacent avec leur petite famille qu'en avion privé... Tout cela fait du bruit et de la fureur – car de l'envie –, comme le bidon du chimpanzé. On prend des poses, on se montre et on consolide ce que l'on croit être une immense force.

Le désir de richesse et des objets que l'on peut acquérir grâce à celle-ci répond à un souci de différenciation narcissique. On comble une faille en devenant fortuné. On pense obtenir l'estime de soi, et corrélativement celle d'autrui, avec son admiration. On se croit plus digne d'être aimé. Il y a là un rapport essentiel entre la qualité de soi et le prix de ce que l'on montre, le fameux rapport qualité-prix mis en exergue par les sociétés de protection des consommateurs au cours de la deuxième moitié du XXe siècle et applicable à l'image que l'homme a de lui-même... La valeur de l'être correspond à celle de ce qu'il achète, porte et montre.

Et cependant, il existe une relation antagoniste et fort ambiguë entre la démonstration de la fortune et ce qui relèverait de la convenance, du sens moral et de l'éducation. Dans la civilisation judéo-chrétienne, il est malséant de parler d'argent, encore davantage de l'exhiber. La richesse, personnifiée par le Veau d'Or et diabolisée comme Mammon, doit être celée et seulement transmise. La fortune a une connotation négative et, si elle devient une idole, il convient de la détruire ou de la renverser. Consommer à tout prix et afficher de façon arrogante ce que l'on détient, c'est encore un péché pour un grand nombre de gens, même si le voile de la pudeur monétaire se lève progressivement.

Curieusement, c'est le monde anglo-saxon, pourtant héritier de traditions essentiellement protestantes, qui expose volontiers la valeur de chacun. « How much is he worth ? » (combien vaut-il ?), demande-t-on. Et pourtant, la fortune chez les protestants et, plus loin chez les puritains, exprimée historiquement en terres, têtes de bétail et fruits du travail, n'est qu'un signe de la grâce de Dieu en se situant dans le cadre béni de la prédestination. Le chef de famille se doit de la transmettre après l'avoir fait fructifier. Elle n'est disponible, ni pour en jouir, ni pour la dépenser, encore moins pour l'étaler au yeux des autres. À l'extrême, les puritains prôneront l'ascèse, puisque jouir de la vie dans les biens et les ornements détourne des devoirs de piété et de travail. Pour les auteurs baptistes, méthodistes ou quakers, chaque sou, acquis ou détenu, doit être mis au service de la gloire de Dieu et non utilisé à des fins personnelles de plaisir.

La détention d'argent est universellement entachée d'une once de culpabilité et si l'on en fait fi, on adopte une attitude provocatrice, à laquelle peut cependant être attachée le plaisir de montrer aux autres ce que l'on est ou croit être. Les publicitaires et les professionnels du marketing savent bien que la civilisation balance entre le pôle de la consommation à outrance et celui de l'investissement transmissible. Les messages dont nous sommes inondés sont de deux natures : d'une part, « consommez tout et tout de suite ; vous serez meilleurs et plus beaux » ; d'autre part, « épargnez et investissez pour votre avenir et celui des vôtres ». Au centre, il y a le temps et la culpabilité. Dépenser peut être en effet considéré comme une jouissance fautive et un appauvrissement. Pour effacer la notion de péché corrélative, il convient de proposer un achat dont on retire des bénéfices secondaires immédiats, par exemple sur le plan fiscal, ou qui pourra être légué, ou servir à une fin de vie douce et sécurisée.

Dans diverses familles, l'argent n'est jamais évoqué, parlé. Le sujet est indécent et tabou, comme le sexe et les questions digestives. De nos jours, les notaires traitent fréquemment de donations du vivant du donataire, chose inconcevable il y a encore quarante ans, les enfants, fussent-ils très largement adultes, étant considérés jusqu'à très récemment comme incapables de gérer un patrimoine familial du vivant de leurs parents, encore moins de le dépenser, tant l'image de dilapidation était associée à celle du spectre de la fin. Ceci est particulièrement vérifié dans les milieux dits fortunés.

Mais certains êtres ne peuvent croire qu'on puisse les estimer pour eux-mêmes et pour ce qu'ils ont accompli, en dehors de toute démonstration de leur richesse. Au cours d'un dîner, un entrepreneur d'une soixantaine d'années, dont le nom est indiscutablement attaché à la création d'un empire économique, assis entre la maîtresse de maison et une voisine tout aussi fortunées l'une que l'autre, énumérait avec une petite voix infantile quelques-unes de ses possessions matérielles : un hôtel particulier, une chasse de tant d'hectares, tel et tel tableau de maître, un avion privé... Il y ajoutait le montant « exorbitant » d'impôt sur la fortune dont il devait s'acquitter, ainsi que le pedigree de ses animaux de compagnie. Cette exhibition, jugée de mauvais goût et inutile, lui permettait sans nul doute de se sentir reconnu et accepté parmi les « grands de ce monde » et, surtout, aimé pour sa puissance et sa réussite, insuffisantes en tant que telles si elles n'étaient traduites en biens tangibles, chiffrés et visibles. Quelle faille intime profonde cherchait-il ainsi à combler en croyant que l'admiration d'autrui n'est suscitée que par ce qu'on peut prouver dans la fortune ? Le timbre de sa voix montrait à lui seul qu'il s'agissait d'un besoin enfantin d'amour, d'affirmation de soi et de reconnaissance.

Dépenser dans les biens de consommation de luxe et signés de noms prestigieux, peut représenter à la fois un intense plaisir narcissique et un mode de déculpabilisation par rapport à la façon dont le capital est survenu. L'héritier d'un groupe financier dit avec humour qu'il a cessé d'avoir des problèmes avec l'argent en le « perdant » à deux reprises, la première fois dans des achats dispendieux et la deuxième dans diverses spéculations. Il s'agit maintenant pour lui, âgé de cinquante-cinq ans, de se « refaire » comme à une table de jeu et de gagner par lui-même de quoi satisfaire ses besoins et envies, tout en constituant un patrimoine à léguer à ses enfants. La modalité la plus délicieuse pour « se ruiner » a consisté, selon lui, à « claquer » une grande partie de l'héritage paternel, en retirant des espèces de la banque et en achetant sur une brève période d'une journée tout ce dont il avait envie pour son usage personnel : une voiture de sport décapotable et de collection ; des costumes d'un grand tailleur ; des chaussures non moins labellisées, deux montres de bijoutiers universellement connus... Toutes ces dépenses avaient été réglées en liquide. Comme le terme l'indique, l'utilisation de billets de banque est plus rapide et le plaisir en est plus pur. La détention et l'usage de la monnaie presque matérielle renforcent le sentiment de puissance et de richesse. La fortune s'écoule littéralement entre les doigts, mais traduite en instruments de joie.

La distinction d'un être humain s'affirme dans la capacité à s'approprier des objets reconnus. Les goûts et la possibilité de les satisfaire dans l'acquisition de biens à exhiber en public ou en privé, fonctionnent comme des marqueurs privilégiés et rassurants d'appartenance à une classe sociale ou culturelle. Cette tendance se retrouve dans tous les milieux, plus ou moins aisés. Les adolescents et jeunes adultes, même de groupes peu favorisés, aiment porter des costumes de reconnaissance qui confirment aux yeux de tous le fait d'être membre d'un clan.

Ce désir est à la source d'engagements fréquents sur la voie de la fortune. Grâce à elle, on choisit des meubles uniques chez des antiquaires, on fréquente des boutiques où l'on est certain de trouver des objets et vêtements de prix mettant à l'abri des « mauvaises surprises », tant dans l'ornement de son lieu de vie que dans celui de sa personne ; dans les meilleurs cas, l'on peut même acheter des œuvres d'art, qu'on aime au point de vouloir les avoir avec, et pour soi, dans l'exclusivité.

L'homme acquiert également de la distinction, ce qui signifie alors se distinguer de ceux à qui il ne veut pas ressembler ou avec lesquels il ne souhaite pas être confondu, en adhérant à un club sportif élitiste, à une association « aristocratique » dans le sens du privilège et du nombre restreint, dont l'accès limité est souvent réservé à ceux qui ont les moyens matériels de s'y inscrire. Ce sont des groupes d'appartenance et de reconnaissance mutuelle. On se trouve « chez les heureux du monde », conformément au titre du livre d'Edith Wharton, dont l'héroïne s'endette à outrance pour mener le grand train de vie de ceux qu'elle veut fréquenter à tout prix dans la haute société américaine.

Afficher la fortune d'une nation par des fêtes publiques somptueuses, fut de tout temps pour les chefs d'État le moyen d'affirmer leur puissance et leur invincibilité. Par la prodigalité et la magnificence, ils signaient – et d'aucuns signent encore de nos jours – aux yeux du peuple une réussite que chacun pouvait prendre pour sienne dans un processus d'identification collective classique. La détention de l'or ainsi dépensé, voire dilapidé, démontre aux sujets que l'on peut sacrifier les hommes et les richesses sans compter. La gloire du souverain est alors consacrée. Le fait d'étaler aux yeux d'autrui l'argent précédemment détenu dans les coffres puis transformé en objets et réceptions ostentatoires, est un comportement sous-tendu par une grande violence à l'encontre des autres, et peut déchaîner en réaction des révoltes et actions tout aussi brutales, en réponse à ce qui est jugé comme une provocation et de la mégalomanie.

Test : quels sont vos désirs de valorisation personnelle ?

• Portez-vous de préférence des vêtements et bijoux signés, réputés « chers » ?

• Fréquentez-vous les grands restaurants et y invitez-vous généreusement autrui à votre table ?

• Appréciez-vous particulièrement d'acquérir des objets d'art antiques et exclusifs pour votre lieu de vie ?

• Circulez-vous dans certaines catégories de voitures de haut de gamme et vous sentez-vous à l'intérieur rassurés et en sécurité, protégés du monde extérieur, surtout si elles ont des vitres fumées ?

• Parlez-vous volontiers de vos propriétés, de vos biens et possessions, en y adjoignant leurs valeurs ?

• Éprouvez-vous une forte satisfaction à « traiter » vos amis de façon dispendieuse, à faire des cadeaux coûteux à votre entourage et, même, à prêter de l'argent sans compter, de façon discrétionnaire et en le faisant savoir ?

Si vous répondez « oui » à l'essentiel de ces questions, c'est que l'argent dépensé et démontré est pour vous une source d'intense plaisir. D'abord, parce que le coût de ce que vous affichez est synonyme pour vous de votre propre valeur. Ensuite, et surtout, parce que la fortune abondamment exposée vous conduit à croire que les autres vous en aimeront et vous en admireront davantage et proportionnellement. Au-delà du pur plaisir de l'acte d'achat, il peut y avoir en vous une faille narcissique signant un besoin éperdu d'estime et d'amour de la part d'autrui, même si vous savez que ces marques de reconnaissance masquent parfois de l'envie et un violent ressentiment. Vous ne vous sentez sans doute pas capable d'être apprécié pour vous-même et vos propres talents, sauf ceux d'avoir de la fortune.

Une crainte révérencielle

L'argent des autres exerce de la fascination et nous soumet à la crainte, en même temps qu'il irrite, gêne et dérange.

Sa manipulation sur écrans, par son quasi-anonymat, son abstraction et son immatérialité, ne semble pas poser de problèmes intimes aux gestionnaires financiers. En revanche, palper de la monnaie dans sa réalité, dès lors qu'elle ne nous appartient pas, suscite des sentiments plus difficiles à contrôler : un collaborateur de cabinet de recrutement raconte que l'une de ses missions consistait à procéder à l'entraînement des guichetiers d'une banque de la place. En apparence, l'exercice était tout simple, puisqu'il s'agissait de compter et d'enregistrer avec exactitude la somme de 4 527 francs en billets et pièces ; la majorité des candidats ne parvenait cependant pas à accomplir cette tâche correctement et devait renouveler l'opération à plusieurs reprises avant d'arriver au montant exact, comme si la monnaie d'autrui était impossible à manier...

Cette attitude est à rapprocher du comportement fréquent de ceux qui, entrant dans une banque, cachent leur peur et leur anxiété par de la nervosité et de l'agressivité, ou se placent psychologiquement dans un rôle de victimes et partent « battus d'avance » dans ce qu'ils vivent comme un affrontement. De même que la Bourse, dont la façade est ornée d'imposantes colonnes, l'institution bancaire est en effet assimilée à une sorte de temple qui renfermerait à la fois son propre argent et celui des autres, et où se dérouleraient des jeux rituels et mystérieux.

Discuter et négocier avec le banquier exploitant peut alors devenir une épreuve difficile, dans la mesure où l'homme se sent en infériorité par rapport à celui qui, à ses yeux, détient le pouvoir de gérer et développer ses avoirs, donc d'accroître ou réduire sa fortune, ou, au contraire, de refuser sa signature en rejetant chèques et effets – le plaçant ainsi dans un état de précarité et le privant d'identité financière. Le banquier a, en outre, la puissance de répartir l'argent des uns et des autres en consentant des prêts et crédits, qu'il faut d'abord solliciter dans une position de demandeur, douloureusement vécue par certains. À la limite, nous pouvons même craindre de retirer de l'argent de notre compte, pourtant dûment approvisionné, au guichet de notre agence bancaire, car il faut passer par le contrôle presque public de l'état de nos avoirs et positions, avant toute délivrance d'espèces. La quête de cette autorisation officielle s'avérant trop lourde à supporter, certaines personnes préfèrent avoir systématiquement recours aux distributeurs extérieurs de billets, anonymes et moins effrayants que le regard du banquier, réputé soupçonneux *a priori*.

La peur de celui qui exerce la profession du commerce de l'argent et du lieu où il officie peut même, en toute extrémité, se transformer en phobie, aboutissant à l'impossibilité de franchir le seuil d'une banque, sauf à être accompagné d'un tiers ami rassurant. L'origine psychologique de cette incapacité réside dans la crainte obscure de « se faire avoir » ou de s'entendre « semoncer » par son banquier paré d'une autorité et d'une force absolues.

L'argent d'autrui suscite des sentiments ambigus au plus profond de l'homme. Si quelqu'un que l'on connaissait modeste et discret sur ce plan, devient soudain assez fortuné et le manifeste, nous pouvons en éprouver de l'irritation et de la gêne. Sans doute n'a-t-il pas profondément changé, mais le regard que nous portons sur lui est modifié. Nous croyons qu'il nous éblouit ou nous éclabousse avec superbe et arrogance, et qu'il pourrait nous mépriser et nous négliger, comme s'il avait changé de catégorie par le superflu, l'excès dans l'apparence.

Nous lui avions attribué un train de vie définitif et n'avons pas envie de perturber cette vision, ce qui entraînerait de la jalousie et de l'amertume, dans la mesure où nous n'aurions pas réglé nos propres comptes avec l'argent dans la distance et la neutralité.

Cette attitude est encore plus violente dans le cas où l'autre, par exemple à la suite d'une succession inattendue ou d'un gain au Loto, devient subitement très riche. C'est ainsi qu'un paisible veuf retraité qui vivait dans une résidence pour personnes âgées, fit l'acquisition, après avoir gagné le

« gros lot », d'un appartement sur la Côte d'Azur pour y couler des jours plus agréables et ensoleillés. Cet achat entraîna une lutte familiale sans pitié déclenchée par ses deux filles, ulcérées de ce qu'elles considéraient comme l'accès à la richesse de leur père et sans doute effrayées par le risque de disparition par dilapidation de leur futur héritage. Elles mirent en œuvre une suite de procédures cruelles à son encontre, tendant à le placer sous tutelle et à le contraindre à rester sagement dans une maison pour le troisième âge.

Afin d'éviter de soulever ces réactions extrêmes, ou même nuancées, d'envie et de ressentiment, ceux qui accèdent à une certaine aisance luxueuse adoptent quelquefois une attitude de contre-paraître, de secret ou de discrétion systématique. Ils minimisent la valeur de ce qu'ils acquièrent et ne chiffrent pas leurs possessions. Ce comportement reflète de la prudence et du bon sens, ainsi que le respect de l'autre si l'on croit le blesser par l'étalage de ce qui est détenu. Il est bien connu que l'affichage des signes extérieurs et matériels de richesse peut libérer à l'extérieur des instincts primaires de dégradation et de pillage. Cette position diffère sensiblement de la pathologie de ceux qui vivent dans la dissimulation absolue de leurs avoirs par peur de se voir dépouiller, voler et anéantir. Afficher la quasi-misère et vivre dans le retrait du monde, dans la terreur d'être ruiné par lui, est un symptôme de grave maladie d'argent, associée à la rétention et à l'avarice.

A contrario, la fortune étalée ostensiblement, parfois sur un mode pervers, est susceptible curieusement d'éblouir à un tel point que se révèlent en nous des attitudes de domestique répondant aux moindres caprices du puissant maître que l'on croit avoir trouvé. C'est là une réaction rare, qui frise le masochisme : l'homme devient esclave du Veau d'Or transformé en idole.

L'argent qui n'est pas à nous ne crée pas seulement des sentiments négatifs. La célébrité et la richesse attirent des millions de lecteurs à travers le monde qui se régalent des articles et photos de vedettes et magnats, publiés par les magazines spécialisés, dits « people », dont les tirages ne cessent d'augmenter. Le récit de la vie somptueuse des privilégiés n'irrite pas dans ce cas, mais charme et permet même de nous faire oublier la grisaille quotidienne. Toutefois, et les éditeurs de presse le savent bien, il faut périodiquement montrer que les riches ont aussi des malheurs, deuils, pertes, maladies, accidents et ruptures sentimentales, ce qui est rassurant et réconfortant pour le lectorat tiraillé entre la fascination pour ce qui brille et l'amertume de ne pas mener une existence semblable.

À l'époque du suicide de Marilyn Monroe, j'ai entendu plusieurs personnes dire qu'elles n'avaient aucune compassion pour la disparition tragique de l'actrice, car elle était « fort riche », ou réputée telle, et que, dans ce schéma, elle n'avait aucune raison de se supprimer. Ce qui tend à corroborer la thèse psychologique selon laquelle, dans l'imaginaire, le vedettariat est associé à l'idée de fortune et que celle-ci devrait automatiquement effacer toutes les souffrances... Le sentiment de frustration est humain, trop humain, et de tous les temps, surtout s'il est étayé par un parcours personnel et familial douloureux ; mais si l'on se limite à quelques commentaires amers ou désabusés, sans dévalorisation excessive personnelle dans la dépression et encore plus, sans passage à l'acte violent, il ne saurait être considéré comme névrotique.

Test : avez-vous peur de l'argent ?

• Êtes-vous exaspéré, gêné, jaloux, frustré face à la démonstration et à la publication des moyens et rémunérations d'autrui ? Les trouvez-vous ostentatoires et provocateurs ?

Si votre réponse est positive, c'est que vous n'avez pas une position neutre vis-à-vis de l'argent (à condition, bien évidemment, que vos propres besoins vitaux et légitimes soient assurés dans le cadre d'un minimum décent). Un moyen de vous en distancier consisterait à adopter l'une ou l'autre des trois attitudes suivantes :

Soit vous voulez faire comme ceux qui ont réussi à vos yeux, en « profitant du système » et en mettant tout en œuvre pour atteindre l'objectif de fortune.

Soit vous adoptez la position du rebelle et vous militez pour changer ce système, à condition de ne pas être séduit en cours de route par les privilèges.

Soit vous vous efforcez de sublimer vos sentiments dans des activités non rémunératrices, mais porteuses de nombreuses gratifications personnelles plus importantes à vos yeux.

• La richesse des autres vous agace, mais le sort veut qu'ils soient nés avec elle, ou que les circonstances leur aient permis d'y parvenir. Vous vous délectez des récits des bonheurs et malheurs de ces catégories lointaines, non sans une certaine tristesse quant à votre propre existence, en vous disant que leur monde est si éloigné du vôtre qu'il ne vous concerne pas et qu'il ne peut que vous faire rêver. Mais si vous entriez dans leur univers, vous pourriez vous transformer en esclave et en tirer une certaine jouissance.

Si tel est votre cas, vous n'avez pas de réelle maladie de frustration ou d'envie par rapport à l'argent ; ce n'est en tout cas pas celui des autres qui vous ferait plonger dans l'abîme de l'envie, ce qui ne signifie pas pour autant que les ennuis quotidiens à son propos ne nuisent pas à votre existence. Vous aimeriez cependant participer aux groupes des riches, fût-ce en spectateur dévoué et fidèle.

• Avez-vous une crainte exagérée de votre banquier ou de votre institution financière, au point de ne pas pouvoir vous rendre dans votre banque, sinon accompagné, de ne pas être capable de répondre à ses appels téléphoniques, ou de ne pas ouvrir vos courriers bancaires ?

Si vous vous reconnaissez dans ce portrait, c'est que vous avez doté votre interlocuteur bancaire d'un pouvoir excessif et que vous préférez la fuite et l'évitement à un dialogue réel et concret avec un autre homme, dès lors qu'il s'agit de problèmes monétaires vous concernant. Il est temps d'affronter vos problèmes intimes avec ce qu'évoque pour vous le mot « argent » et les souvenirs récents ou archaïques qu'il suscite. Tentez de faire des comptes concrets et de rencontrer le professionnel de la finance en le voyant comme un être humain.

L'argent comme une drogue

Les anciens Grecs ont dit l'essentiel de ce qui guide les êtres humains dans leurs désirs – boire, manger, séduire, copuler et, pour ce qui nous occupe ici, accumuler, thésauriser ou dépenser pour acquérir des objets : il s'agit, inlassablement, de remplir un vide. Comme l'écrit Giulia Sissa dans *Le Plaisir et le Mal* : « En quête d'une sensation de plénitude, nous cherchons à thésauriser, à engranger, à ingérer. Nous nous faisons investisseurs, collectionneurs, gourmets, séducteurs. Et pourtant, nous restons vides. Jamais contents, puisque incapables de contenir. Jamais satisfaits, parce que tout autant on incorpore, ce n'est jamais suffisant. » La passion folle de l'avare, c'est d'amasser et de conserver, sans fin ; et il y met tout son être.

La dépendance survient lorsque nous restons fixés sur l'objet du désir sans jamais atteindre la plénitude ou la satisfaction et que le stade suivant se résume à : « Encore ! Je n'en ai pas assez ! » Ce phénomène est applicable à tout produit dont on croit ne plus pouvoir se passer, sans le retenir ou en détenir toujours davantage – drogue, nourriture, boisson, sexe et... argent – dès lors qu'on n'en a pas, ou plus, un besoin vital. On se sent tributaire – le tribut est éthymologiquement une contribution forcée en signe de soumission – envers la substance, comme si l'on avait une dette envers elle.

Dans certains clubs de vacances, on peut constater, à propos des repas servis sous forme de buffets, la même peur injustifiée du manque : les clients touristes, parce qu'ils ont payé et considèrent avoir des droits illimités, sont agglutinés devant la porte de la salle à manger longtemps avant l'ouverture pour se servir en premier, et empilent dans plusieurs assiettes des quantités étonnantes de nourriture... que bien évidemment ils n'ingurgiteront pas. Il ne s'agit plus de faim, mais de la crainte d'être dépossédé par autrui, et surtout de la terreur du vide, qui surgirait du non-remplissage ou de la non-accumulation, angoisses plus fortes que la décence ou la simple pudeur.

Le désir de thésaurisation financière est identique. La focalisation sur l'argent, comme un arrêt sur image, devient obsédante ; elle peut conduire, suivant les cas, les personnalités et l'histoire de chacun, à l'action perpétuelle pour entasser, acquérir – ou ne pas perdre ce qui est là –, à la paralysie dans les comptes répétés à l'infini, ou à la résignation figée.

Il y a esclavage envers le maître choisi s'il devient l'organisateur de l'existence, qui est alors entièrement centrée sur la recherche du produit d'addiction. Le comportement dépendant guide toute la vie, quelles que soient les racines profondes de son origine : pallier l'anxiété quotidienne et l'angoisse existentielle, éviter l'ennui, rechercher l'ivresse et la mise en danger, combler les pertes et les abandons, et, plus spécifiquement pour l'argent, viser le pouvoir de tous les pouvoirs.

Choisir la voie de la fortune et s'engager en elle représente pour certains hommes une agressivité nécessaire à leur propre réalisation, que ce soit par réaction contre leur propre histoire familiale, par souci de vengeance ou par désir d'imitation dans le dépassement. La pathologie survient si la richesse dicte tous les actes en ayant envahi la pensée : c'est par exemple le cas de créateurs de groupes multinationaux, de chefs d'entreprises universellement connus, qui n'ont plus rien à prouver à quiconque, mais pour lesquels le milliard de plus à posséder, donc à valoir, est le moteur permanent de l'action. Rien ne semble pouvoir les distraire de cet objectif primordial.

L'addiction à l'argent, au sens où les idées se bloquent sur lui, peut prendre des formes plus insidieuses, en particulier celles de la dépression. C'est ainsi qu'une veuve de soixante-sept ans, quoique fortunée, s'est enfermée dans son appartement à la mort de son mari, en refusant tout contact avec le monde extérieur, non pas, disait-elle par chagrin, mais parce qu'elle était convaincue d'être ruinée et démunie. C'est seulement en acceptant, sous la pression de ses enfants, de se faire soigner qu'elle a pu reprendre une vie normale en ayant intégré qu'elle n'était pas sans ressources lui permettant d'exister ; son idée fixe de pauvreté personnelle l'avait littéralement immobilisée dans une angoisse mortifère.

La croyance d'être appauvri, rétréci, diminué se retrouve plus fréquemment chez les hommes ou les femmes d'un certain âge, à la retraite ou en activité réduite, sans projets de vie. L'argent est en effet culturellement et psychologiquement un moyen illusoire d'exorciser la mort ; à mesure qu'on se rapproche du terme, on croit en manquer et on cherche par tous les moyens à conserver ce que l'on détient, dans un comportement excessif de rétention et d'avarice et une attitude de surveillance maladive des comptes en banque, des frais engagés et des cours de Bourse. Nous en avons tous des exemples autour de nous, avec toutefois le correctif rassurant que la Bourse peut représenter une activité ludique qui vient se substituer aux affaires professionnelles antérieures. La névrose ne s'installe que si la conservation des biens est devenue obsédante.

Le manque de confiance en soi peut maladivement conduire au besoin de se combler d'objets, qu'on en ait ou non les moyens : ce sont des dépenses de consommation compulsives, pour se gratifier de biens matériels de compensation. Une démarche symétrique consiste à faire des cadeaux dispendieux aux autres, tout en étant dans l'économie pour soi, afin de gagner leur amour ou leur estime. Voilà qui résume l'éternel besoin de remplir par des biens tangibles, mais symboliques, des vides refoulés dans l'inconscient !

Test : êtes-vous dépendant de l'argent ?

• Pensez-vous à l'argent avant toutes choses, en vous endormant, en vous levant, à celui qui vous manque encore dans le sens du besoin ou de la fortune, aux nouvelles opérations que vous allez initier pour vous enrichir, à ce que vous souhaitez acquérir ou développer, et amasser ?

• Êtes-vous terrifié à l'idée que vous avez perdu, ou que vous allez perdre, tout ce que vous possédez, même si vous savez pertinemment que vous êtes à l'abri de la ruine et, en tout cas, du besoin ?

• Le fait d'acheter à outrance et au-delà de toute mesure, pour vous-même ou pour faire des cadeaux aux autres, vous rassure-t-il dans la confiance que vous avez en vous et dans l'amour que vous portent vos proches ?

• Avez-vous le besoin compulsif de tenir des comptes quotidiens, de vérifier en permanence l'état de vos avoirs et l'évolution de vos placements, même lorsque vous êtes éloigné géographiquement de votre résidence ?

• Avez-vous tout simplement le sentiment d'exister lorsque vous pouvez évaluer vos biens avec l'objectif de les développer dans un avenir infini ?

Une réponse positive à l'une ou l'autre de ces questions prouve que vous dépendez largement de l'argent et du patrimoine dans votre vie quotidienne. C'est comme si vous ne pouviez vous passer d'une valorisation permanente de ce que vous êtes ou de ce que vous voulez être. Sortir de cette névrose suppose un investissement vers d'autres objets d'intérêt ou d'amour, mais c'est une démarche très lentement progressive.

Entre-temps, si vous avez des crises d'angoisse et une anxiété chronique sur le sujet de l'argent – y compris dans la dépense compulsive –, vous risquez d'entrer dans un cycle dépressif et obsessionnel insidieux fort douloureux, qu'il faudra soigner par une thérapie adaptée, pour vous remettre à vivre autrement et mieux que dans l'épuisement de la course effrénée vers l'or.

CHAPITRE II

L'argent dans le couple et la famille

> « Que vois-je là ? De l'or, ce jaune, brillant et précieux métal ! [...] Ce jaune argent tramera et rompra les vœux, bénira le maudit, fera adorer la lèpre livide [...] ; c'est lui qui décide la veuve éplorée à se remarier [...]. Allons ! poussière maudite, prostituée à tout le genre humain [...]. »
>
> William SHAKESPEARE

L'argent est présent dans toute la vie familiale, dans les rapports entre les membres de différentes générations comme dans le couple. Il est le substitut des sentiments ou affects, et l'on dirait en psychanalyse que c'est le moyen d'un transfert, ainsi que le succédané d'une relation sexuelle. Bref, on n'y échappe pas. Mais existe-t-il vraiment un prix pour l'amour, comme le laisse entendre Timon, l'imprécateur pessimiste de Shakespeare qui voit en l'or la putain commune à toute l'humanité ?

Passions et sentiments appartiennent idéalement

à un monde non marchand, au-dessus de toute contingence matérielle. Mais nous savons bien, au fond, qu'ils ont un prix, même si nous ne nous l'avouons pas aisément – et ce, en dehors de la vénalité traditionnellement attachée au coût de la chair. L'argent et l'amour se confondent souvent et les disputes financières dans un couple peuvent être des symptômes de déficits affectifs, tant il est plus facile et immédiat de se battre sur le sujet monétaire que d'affronter une profonde crise sentimentale et de remettre en cause une vie à deux. Les discussions incessantes sur les revenus du foyer et les factures à payer peuvent ainsi masquer une maladie amoureuse dont on n'a pas toujours envie de prendre conscience.

Les Anglo-Saxons soutiennent qu'il faudrait épouser quelqu'un de même milieu que soi, ayant fréquenté les mêmes écoles, habitant la même ville et, si possible, la rue où l'on réside. Dans presque toutes les sociétés, l'un des éléments d'acceptation du fiancé ou de la fiancée reste encore l'équivalence du capital apporté, qu'il s'agisse d'immeubles, de titres boursiers ou de têtes de bétail. Les biens mis dans la corbeille de noces devraient être restitués en cas de séparation ou de divorce. Il n'est pas question d'épouser quelqu'un sans richesse ou de fortune moindre. Culturellement, l'appartenance à un clan considéré comme aisé, entraîne en effet la crainte d'être entouré – et, pire, d'être aimé – pour son argent ; les personnes intéressées sont à fuir. L'apport de la dot, de chaque côté, demeure un ingrédient essentiel du mariage.

Il existe toujours la notion de riche mariage sans amour, mais fructueux, schéma qui rejoint celui de l'affection vénale, d'un homme autant que d'une femme, accord entre deux parties par lequel l'argent est censé remplacer le sentiment, ou s'y ajouter. Dans le meilleur des cas, le contrat financier se dissimule derrière le leurre d'une affection sincère, partagée et ostensible.

Plus le patrimoine augmente, plus les familles ont recours aux notaires et avocats pour souscrire avant le mariage un contrat de répartition des biens existants ou à venir, avec le souci d'en préserver la transmission, d'en éviter la dilapidation et d'assurer l'avenir des époux et de leurs descendants, dans l'hypothèse du maintien ou de la dissolution du ménage. Épouser est une affaire sérieuse, dont toute futilité doit être bannie.

Avant de vivre ensemble, il serait peut-être prudent – comme cela est loisible au Canada – de passer un accord civil de cohabitation, prévoyant la répartition des dépenses du foyer, (loyer, charges, impôts, vacances, sorties, éducation des enfants, etc.), ainsi que la mise en commun – ou la stricte séparation – des revenus de chacun, avec des modalités de révision dans l'hypothèse de différence soudaine de rémunérations et de patrimoines. Un stade ultérieur, et encore plus avisé, consisterait à souscrire systématiquement devant un notaire ou tout homme de loi habilité, au début de la vie commune, une convention définissant les objectifs d'existence, les modes d'attribution et d'administration des fortunes respectives, les clefs d'affectation des postes budgétaires, le tout sujet à examens périodiques.

Certes, l'imprévu en serait atténué, avec toute sa fantaisie aléatoire, mais les couples devraient éprouver un soulagement certain en se laissant la possibilité de consacrer leurs actions et dialogues communs à d'autres sujets que les débats financiers. Une certaine solennité dans la mise au point monétaire du début d'une relation peut permettre ultérieurement le repos moral des membres du foyer à propos de l'argent. En effet, comme nous allons le voir maintenant, le quotidien se charge trop souvent d'empoisonner les rapports affectifs par des arguties financières révélatrices ou sources d'amertume, de ressentiments, voire de haine.

Faire payer l'autre

Il s'agit d'asseoir son pouvoir, de se déculpabiliser et de faire payer l'autre de ce qu'on lui aurait donné ou de ce qu'on croit attendre de lui. Dans le couple, l'argent est d'abord un moyen de contrôle et d'emprise de la part de celui qui détient davantage de biens. C'est le mode le plus immédiat pour imposer sa volonté. Tous les cas de figures engendrant de la violence dans ce qui touche au matériel sont envisageables en matière de relations humaines. Il se dégage néanmoins deux tendances extrêmes que nous avons tous plus ou moins vécues ou observées, avec des variations infinies :

– L'homme (ou la femme) s'assure de son autorité sur l'autre en le comblant, en le gâtant, en lui offrant des cadeaux de prix qu'il se doit d'exhiber, ce qui conforte l'image de gloire et de réussite du donateur ; en résumé, il l'achète. En échange, il le lui fait payer en demandant une disponibilité et une soumission complètes. Le partenaire réduit à la passivité ne doit qu'en être heureux et reconnaissant puisqu'il lui est tant donné.

– L'attitude inverse, dont les objectifs finaux sont pourtant identiques, consiste à faire en sorte, consciemment ou inconsciemment, de priver l'autre, de l'affamer symboliquement en distillant la monnaie au compte-gouttes et jamais à la première réclamation, d'où un sentiment de toute-puissance et de propriété. On peut ainsi faire payer un nom, une alliance, un statut, un mode de vie, en contraignant son partenaire à se placer perpétuellement en position de demandeur infériorisé.

Entre ces deux positions, on trouve la variante de l'homme officiellement généreux qui acquiert sa liberté et sa déculpabilisation par les espèces qu'il prodigue à son épouse légitime chaque fois qu'il va rendre visite à sa maîtresse. Il achète ainsi ce qu'il croit être la paix.

L'argent vécu à deux peut conduire à des rapports excessifs et absurdes, le cycle désir-amour se métamorphosant en une relation empreinte de haine focalisée sur des comptes interminablement faits en commun. Aucune autre issue ne semble alors envisageable que la séparation, comme en témoignent les deux histoires suivantes :

Anne et Jean-Paul vivent un amour passionnel en dehors de toute vie commune, jusqu'au jour où ce dernier se met à établir des comptes maladifs des dépenses engagées lors de leurs loisirs, vacances et sorties, ainsi que des éléments différents de leur train de vie respectif, exigeant une répartition à parts égales des « frais de plaisir » au centime près. N'ayant pas bénéficié d'héritage, à la différence d'Anne, qui vit des revenus de son patrimoine, Jean-

Paul ne supporte plus l'inégalité de fortune qui régit leur couple. Il déplace sur Anne ses propres amertumes quant au manque de capital, bien que vivant fort largement de son métier. À force de faire payer à l'autre des frustrations financières toutes personnelles et le complexe d'infériorité qui en a découlé, Jean-Paul pollue les moments à deux par des décomptes maniaques et obsessionnels afin de ne pas donner davantage qu'il ne croit devoir. Il aboutit à une rupture définitive, l'amour ayant été noyé sous les notes, fictives ou réelles, dans l'imaginaire de sa propre névrose.

Françoise et Louis, quant à eux, sont mariés depuis quinze ans. Ils ont deux enfants, âgés respectivement de quatorze et onze ans. Ils ont chacun une activité professionnelle. Leurs rapports sexuels sont inexistants et leur entente sur ce plan a toujours été des plus médiocres. Ils vivent dans une haine inavouée qui s'affirme dans des discussions publiques et privées tournant exclusivement autour des finances du foyer. Ayant établi un budget familial trop détaillé, jusqu'à la boîte d'allumettes et à la baguette de pain, et proportionnellement aux revenus modulables de chacun, toute dépense donne lieu quotidiennement à des discussions sans fin. En outre, Françoise n'apprécie pour elle et sa fille aînée que les produits de luxe, qu'elle achète sur son propre salaire en les occultant des comptes communs, jusques et y compris les plats des repas pris à la maison, qui restent plus que frugaux lorsqu'ils sont familiaux. Le couple est à la dérive, le drame permanent, les enfants frustrés sont sur le qui-vive, et jaloux l'un de l'autre. Le venin de chaque franc a tout envahi ; la seule solution réside dans la séparation de corps et de biens, mais la décision n'est pas prise, car elle passe par un accord tumultueux sur son prix. Dans cet exemple dramatique, l'argent est devenu le seul lien de communication entre les membres de la famille et occulte une mésentente affective infiniment plus grave et fondamentale.

L'injustice systématique dans la vie quotidienne matérielle d'un couple au détriment exclusif de l'un des deux, ne peut qu'engendrer de la violence rentrée, du ressentiment et un profond désir de vengeance.

Sophie et Mathieu, âgés de trente-trois et trente-six ans, vivent ensemble depuis cinq ans, après des débuts très passionnels. Beau, séduisant, plein de charme, fils unique, Mathieu est un héritier putatif de parents aisés qui le protègent matériellement en l'assumant sur tous les plans ; il ne travaille qu'occasionnellement dans des missions temporaires et prestigieuses à ses yeux dont il conserve à son profit tous les bénéfices. Il exige de Sophie le règlement intégral de toutes les dépenses budgétaires du couple et son cynisme provocateur sur ce plan va même jusqu'à lui demander de déposer dans un coffre en banque les espèces qu'il reçoit, sans jamais la gratifier d'un cadeau ou d'une participation aux frais. Sophie, après avoir infiniment aimé son homme de luxe, se réfugie dans une plainte permanente auprès de ses amis, puis dans une dépression chronique. Elle continue cependant de tout régler avec son salaire, sans exprimer de reproches manifestes à son compagnon. Elle finit par échafauder un plan lui permettant de « récupérer ses billes » dans le futur, d'abord inconsciemment, puis lucidement après l'avoir élaboré et exprimé dans une psychothérapie engagée pour son symptôme dépressif : elle considère avoir investi affectivement et matériellement dans la relation et elle en escompte maintenant un « retour » – semblable à un rendement –, par la succession future qui sera logiquement dévolue à Mathieu, dans un terme plus ou moins rapproché. Dans cette attente, vraisemblablement illusoire, elle accumule les factures des coûts du foyer depuis cinq ans, afin de présenter une note globale lorsque surviendra l'héritage. C'est cet unique espoir qui la fait rester dans une position vécue comme inique et scandaleusement inégale.

Dans cette histoire qu'on pourrait décliner à volonté, tant elle est fréquente, chacun veut faire payer l'autre. Mathieu considère que le don de sa personne et de sa présence n'est pas gratuit et justifie de la sorte le fait que Sophie dépense pour eux deux ; cette dernière a préparé ses arrières et pris la décision secrète de se faire rembourser par Mathieu des souffrances subies, en même temps que des engagements monétaires assumés. Entre-temps, le couple ne se maintient que dans l'illusion et la fausseté. La rupture est inévitable.

Pour éviter d'en arriver à ces situations inextricables et douloureuses, et pour vivre une relation plus harmonieuse, il existe pourtant quelques mesures simples et de bon sens :

À faire :

• un partage aussi simple que désirable des dépenses du foyer, en fonction des possibilités de chacun, révisable périodiquement, mais non pas fréquemment, et couvert par un virement bancaire mensuel sur un compte prédéterminé, qu'on ne remet pas en cause, sinon, par exemple, semestriellement ;

• une évaluation du patrimoine commun, s'il existe, en confiant à l'un ou à l'autre le soin de le gérer au mieux en fonction de ses compétences, ce qui suppose qu'on puisse s'en entretenir régulièrement en négociant les modalités.

À ne pas dire :

• Mais que fais-tu donc de tout l'argent que je te donne ?

• Donne-moi des justificatifs de tout ce que tu dépenses, pour la maison et pour toi-même. (C'est le carnet de la ménagère, jugé humiliant par celui ou celle qui le tient.)

• Demande-moi de l'argent quand tu en as besoin.

• Tu es incapable de gérer un budget. C'est donc moi qui déciderai désormais de ce qui est nécessaire à la tenue de la maison, aux enfants, aux vacances, au foyer.

• Tu gagnes ta vie et je me demande ce que tu fais de ton argent. Tu es dépensier(ère), futile et égoïste dans tes achats. Tu ne penses pas à ton foyer.

À dire :

• Si tu as des problèmes, parlons-en, mais pas tous les jours, afin de ne pas abîmer nos rapports quotidiens.

• Je suis à ton écoute, comme tu l'es à la mienne, sur le plan financier, et nous sommes deux à aménager et à utiliser nos revenus dans leurs fluctuations positives ou négatives.

• Je partagerai avec toi mes rémunérations si tu

veux bien faire de même, en les versant dans une sorte de « pot commun », après en avoir prélevé chacun une fraction en amont pour notre usage privé... Une partie de ces biens communautaires sera consacrée à la constitution d'une épargne familiale, gérée aussi ouvertement que possible.

La tyrannie domestique et le harcèlement moral sur le sujet de l'argent en famille sont vécus comme insupportables par ceux qui les subissent. Les solutions, malheureusement, sont souvent trouvées dans la fuite, mais si la douleur peut être entendue et acceptée par l'autre, le dialogue est toujours préférable, qui vise à préserver la relation – à condition d'éviter pleurs et récriminations.

Sexe et finance

Derrière le sexe, on trouve souvent, occulté ou manifesté, le poison de l'argent. Problèmes sexuels et soucis financiers sont intimement liés et vont parfois, comme nous allons le voir, jusqu'à se confondre.

Solange et Marc, âgés respectivement de trente-quatre et trente-huit ans, consultent un spécialiste en thérapie familiale pour les motifs officiels de l'impuissance de Marc et d'une mésentente sexuelle chronique. Leur grand problème réside dans l'impossibilité d'avoir un enfant, malgré dix tentatives de procréation médicalement assistée et divers traitements destinés à combattre la stérilité supposée de l'un et de l'autre. Marc exerce une activité professionnelle, tandis que Solange est devenue femme au foyer et ne se consacre plus qu'à la poursuite de son objectif d'enfantement.

À l'issue de la séance, la psychologue énonce le montant de ses honoraires, recueille le silence de Marc et la réponse significative suivante de Solange, tant il se vérifie souvent que la vérité surgit à la fin des consultations, lorsque le temps imparti est écoulé : « Ah ! Mais au cœur de tout, il y a que je ne peux pas signer de chèques. Je n'ai pas de compte en banque et je dois demander de l'argent à Marc pour chaque dépense. »

Dans sa vie de couple, Marc a compensé, probablement inconsciemment, son impuissance sexuelle et sa culpabilité obscure de ne pas avoir d'enfant par une autorité monétaire absolue sur Solange. Comme on est toujours deux dans le jeu du pouvoir, cette dernière s'est placée progressivement dans une situation de soumission absolue à l'égard de son mari en abdiquant toute autonomie, estimant qu'elle ne devait vivre que pour lui donner une descendance, ainsi que pour le bonheur essentiel d'être mère. Elle ne remet d'ailleurs pas en cause son couple. C'est finalement Marc qui règlera ostensiblement la séance par chèque après le commentaire de son épouse, remplaçant sexe par argent.

Autre histoire éclairante, celle de Michel et Sylvie, quarante-cinq ans chacun, qui vivent ensemble depuis dix ans. C'est pour eux leur deuxième foyer. Ils ont un petit garçon de huit ans, dont ils s'occupent fort bien. Ils ne consultent pas, mais Sylvie supporte difficilement une situation conjugale déséquilibrée liée à l'argent et au sexe. Michel est dans une stricte anorexie financière, à la fois sur le plan des recettes et sur celui des dépenses. Il exerce l'activité de consultant, en quête de missions ponctuelles qu'il décline les unes après les autres, considérant qu'elles ne sont pas à sa hauteur, ou qu'il n'en serait pas rémunéré à sa juste valeur. Sur l'autre versant, il se refuse la moindre dépense personnelle, ce qu'il manifeste de façon publique et assez provocatrice en proclamant qu'il fait des économies pour les siens. Simultanément, il est fasciné par le monde de la richesse auquel il voudrait bien appartenir « s'il en avait les moyens »... qu'il ne se donne jamais. Fréquenter les gens fortunés donne l'illusion de recueillir les miettes du pouvoir qui leur est attribué. Sylvie assume tout et fait vivre son foyer aussi généreusement que possible par ses fonctions de directeur commercial d'entreprise.

Dans un tel couple, où il y a inégalité de pouvoir du fait de la névrose d'argent de l'un des protagonistes, on ne peut pas s'étonner du fait que Michel se réfugie derrière une impuissance sexuelle, marquée exclusivement vis-à-vis de sa femme-patron qu'il accuse de ne pas susciter son désir. Sylvie, bien qu'aimant son homme de luxe, envisage régulièrement une séparation, tant sa position dominante entraîne chez elle des sentiments de frustration et d'injustice, insupportables à la longue.

L'homme qui a le sentiment de dépendre financièrement de sa compagne, même s'il s'est placé lui-même dans cette situation, n'approche plus physiquement celle qui détient symboliquement le pouvoir attribué à son sexe, car il a la sensation inconsciente d'être castré.

Celui qui n'a pas la puissance sexuelle et qui s'en sent responsable cherche à pallier ses carences par une emprise monétaire sur l'autre. De même, celle qui dissimule sa frigidité et culpabilise tentera de gratifier son compagnon par de généreux cadeaux.

Patrimoine et matrimoine

Qui détient le patrimoine dans le couple ? Qui a constitué la fortune ? Qui gère les biens ? Que se passe-t-il si la différence de propriétés s'accentue au cours des années ? Ressentez-vous parfois la fâcheuse et déplaisante impression d'être aimé(e) de votre compagnon, ou de votre compagne, pour votre fortune, ou pour ce que vous valez et représentez ? Ces questions fondamentales, mais épineuses, donc douloureuses, sont sources de luttes familiales feutrées ou bruyantes auxquelles sont souvent mêlés les ascendants et descendants des protagonistes.

À l'origine, le patrimoine de l'un ou de l'autre se constitue par les biens de famille hérités des ancêtres, représentant les avoirs propres de chacun. C'est à la constitution du foyer que devraient être fixées contractuellement les attributions et modalités de gestion et de jouissance des fortunes respectives, assorties de clauses tacites ou détaillées de révision dans le temps en fonction d'événements aléatoires et imprévisibles, tels que nouvelles successions, fortunes subites, création et développement d'entreprises individuelles ou communes...

Bien qu'on associe culturellement et quasi universellement la dot à ce qu'apporte la future épouse dans la corbeille, il peut y avoir une dot du mari ou de la femme, puisqu'il s'agit de biens donnés par des tiers dans le contrat de mariage, à l'un ou à l'autre, sans différence de sexe. Mais en droit français, le régime dotal prévoyait que seuls les avoirs dotaux de la femme – à la différence des biens paraphernaux dont l'époux ne pouvait disposer – étaient confiés à l'administration et à la jouissance de ce dernier. Ces dispositions prévalant dans nombre de mariages bourgeois ou aristocratiques ont contribué à la ruine de quelques familles sur plusieurs générations, lorsque la fortune d'une ancêtre nantie s'est trouvée utilisée par un mari peu scrupuleux, de la race des « coureurs de dot », dans des aventures spéculatives ou, plus simplement, dans des dépenses jouissives et excessives.

Rémi et Olivier, deux frères âgés de cinquante et cinquante-quatre ans, se souvenant avec honte et effroi de la dilapidation de la considérable fortune grand-maternelle par son époux, qui la laissa, elle et ses enfants, sans patrimoine et sans ressources à la fin de sa propre existence (le grand-père ayant disparu avec les biens dotaux et une plus jeune femme dans une phase ultérieure), ont fondé leur vie financière sur quelques principes intangibles : ne pas épouser quelqu'un de plus riche que soi, même si on l'aime ; la fortune de l'autre est à éviter à tout prix, y compris dans les sentiments ; se constituer soi-même un patrimoine par le travail et l'entreprise ; gérer celui-ci en bon père de famille, en dehors de l'aventure et du risque monétaire, de façon à en assurer la transmission à la lignée. Il s'agit là d'un exemple extrême, quoique classique, de vie financière austère bâtie par réaction contre un système ancestral d'anéantissement des biens familiaux, du fait de l'imprudence et du cynisme d'un ascendant qui ont dicté le mode économique des générations postérieures.

Bien évidemment, les hommes ayant moins de fortune que leur épouse ne sont pas tous dans le désir forcené de l'épuiser jusqu'au dernier million, mais ils peuvent en concevoir un complexe de dépendance et d'infériorité, surgissant dans des phrases teintées d'amertume, telles que : « J'habite chez ma femme » ; « Je ne suis qu'invité (ou de passage) dans cette maison. » La revendication profonde peut se traduire sur le plan sexuel, comme dans le cas de Jean-Charles, soixante-deux ans, qui avoue n'avoir eu de rapports physiques avec son épouse que pour lui faire quatre enfants, le plaisir étant trouvé avec des prostituées sur lesquelles il détenait de tout temps le pouvoir financier, et par là l'autorisation de jouir. D'autres, tel Francis, quarante-cinq ans, se considérant comme des valets de leur femme, se réfugient secrètement et avec culpabilité dans des rencontres homosexuelles, dont ils disent qu'ils y tiennent le rôle actif.

À l'encontre de toutes les idées reçues sur la puissance masculine, il n'est pas en effet aisé, d'un point de vue psychologique, de vivre du « matrimoine » de son épouse, selon la formule inventée par Hervé Bazin à propos des possessions de sa propre mère.

Selon des archétypes solidement ancrés dans nos sociétés occidentales, à l'homme seraient dévolus les rapports avec la finance. C'est donc à lui que revient le soin d'administrer les biens du couple, qu'il en soit, ou non, légalement propriétaire. Culturellement, l'esprit masculin serait, davantage que le féminin, tourné vers la thésaurisation et le souci de pérennité, alors que des exemples évidents démontrent que la dilapidation n'est pas une affaire de sexe, mais plutôt celle d'un système de valeurs, l'un considérant l'argent épargné et/ou transmis à la lignée comme valeur suprême, l'autre estimant qu'il est là pour être dépensé et circulant comme source de plaisir.

Cependant, bien que ces croyances prévalent encore largement, elles ont été ébranlées et bouleversées par l'accès des femmes aux fonctions publiques et économiques dans la cité, mais aussi, quoique plus tardivement, dans le secteur agricole. La femme s'autorise donc à demander à tenir les rênes du patrimoine ou, au minimum, à avoir un droit de regard, de consultation et de participation à sa gestion.

L'écart peut se creuser entre deux êtres, surtout membres d'un couple, si l'un d'entre eux est soudain bénéficiaire d'une fortune subite, qu'il s'agisse d'héritage imprévu, de donation sur succession future, de réussite rapide dans une entreprise... ou de gain au Loto. Dans tous les cas, y inclus ceux des biens potentiels et non encore disponibles, l'autre a le désir un peu fou d'en profiter, d'y avoir accès ; il est saisi brutalement par une certaine ivresse de possession par personne interposée, avec des arrière-pensées telles que : « Pourquoi pas moi ? » ; « J'y ai droit, moi aussi » ; « Je veux jouir de ce pactole. » Plutôt que de se réfugier dans des sentiments de frustration et de reprocher à l'autre sa fortune, une thérapeutique salutaire consisterait à utiliser cette différence comme un moteur conduisant à la constitution d'avoirs personnels gratifiants pour son ego.

On a coutume de considérer qu'une grande différence de patrimoine et d'âge dans un couple correspondrait à un vif intérêt financier de la part du plus jeune et on pare volontiers ce dernier de vocables peu flatteurs, tels que « la croqueuse » pour les dames ou « l'étalon en or massif » pour les messieurs, qui seraient attirés les uns comme les autres par des êtres « beaux comme Crésus ». Ce sont là des formules lapidaires péjoratives et des jugements hâtifs, car s'il y a inégalités dans ce type de relation, c'est que chacun y trouve son compte.

Que cherche le jeune homme ou la jeune femme chez une partenaire ou un compagnon plus mûrs ? Il serait trop simple de répondre par le seul mot « argent ». On est séduit par l'autre, non seulement par son pouvoir d'achat et sa capacité à entretenir, mais aussi par son intelligence, son charme, sa célébrité, ce qu'il représente publiquement et socialement, sa réussite et le mode de vie qu'il propose et suppose avoir. L'âge ne compte pas alors de façon primordiale, sinon que les atouts précités se rencontrent plus fréquemment chez les êtres quinquagénaires qu'adolescents, ainsi qu'en témoignent les épouses jeunes, successives et apparemment satisfaites d'un empereur français du show business, qui s'est toujours montré généreux dans les séparations légales.

Les ingrédients du prestige alliés à ceux du pouvoir matériel correspondent à une puissance phallique recherchée, théoriquement liée à l'image paternelle, mais dont on peut avoir manqué du fait de l'absence du père ou de la position effacée de ce dernier. Marguerite Duras raconte ainsi, dans *L'Amant*, l'attachement passionnel en Asie d'une très jeune fille pour un Chinois riche et plus âgé.

Le père étant allé soigner ses maladies en Europe, la mère se battant seule et dramatiquement pour garder sa propriété contre les éléments et les circonstances économiques, l'héroïne va quérir auprès de son amant, non seulement l'argent qui manque à la maison, mais aussi cette reconnaissance en tant que femme qu'aurait dû lui léguer son père.

Symétriquement, le personnage le plus âgé du couple recherche et se persuade de conquérir la jeunesse, la beauté et la vitalité sexuelle, dans une sorte de pacte faustien. Il épouse ou protège les « femmes de la seconde carrière » (qui peuvent être de sexe masculin), selon la formule de Marie Muzard. La vision d'un tel accord n'est pas pessimiste, puisqu'il est *a priori* souscrit par deux parties également consentantes. La littérature est remplie de tels exemples, en commençant par *Manon Lescaut*, publié par l'Abbé Prévost en 1731, qui tarifie ses faveurs de façon officielle : « Il m'a baisé plus d'un million de fois les mains ; il est juste qu'il paie ce plaisir, et ce ne sera point trop que cinq ou six mille francs en proportionnant le prix à ses richesses et à son âge. » Balzac, à son tour, mêle amour, désir et sentiments, du côté de celui qui détient la fortune, Crevel disant à Valérie Marneffe, dans *La Cousine Bette* : « Je ne t'aime pas, Valérie ! [...] je t'aime comme un million ! » Il est exact que cet écrivain considérait l'argent comme un moteur primordial dans les relations humaines, mais les relations d'amour et d'argent, tacites et agréées entre courtisan(e)s et riches protecteurs(trices) ont-elles véritablement changé depuis *Splendeurs et misères des courtisanes* ?

Une certaine répartition des patrimoines au cours

de la vie commune est toujours préférable à un partage légal ou judiciaire dans le cas de séparation, si l'on souhaite préalablement que le couple perdure au-delà des différences d'actifs. Mais c'est là une solution empreinte d'idéalisme, qui suppose une générosité fondamentale de chacun, ainsi que le goût du partage.

Si l'un gagne davantage que l'autre

Détenir de l'argent confère du pouvoir, derrière lequel se cache le combat pour dominer l'autre qui sera dépendant et, à la limite, asservi. Comme on l'a vu, les revenus dans le couple sont souvent la source d'une grave violence privée de la part de celui qui croit tout contrôler, choses et êtres. La disparité accroît les luttes, miroirs d'autres discordes plus profondes, mais plus difficilement concevables, parce que touchant aux sentiments.

Depuis plusieurs décennies – c'est donc un phénomène récent –, il est normal de disposer de deux revenus au foyer, et les activités professionnelles des femmes ne sont plus considérées comme de simples hobbies de catégories aisées, à tendance de préférence caritatives, car superflues. C'est la différence de revenus qui devient la source de tensions, car le déficit entre les rémunérations peut éventuellement être assimilé à des manques ou à des faillites d'amour, conduisant au ressentiment, à la frustration et à la culpabilité. Celui qui gagne davantage que son compagnon ou sa compagne éprouve la tentation de traiter l'autre comme un enfant, affirmant ainsi son sentiment de propriété et de jouissance possessive. Celui qui se sent alors infériorisé peut entrer dans un processus de jeu de victime, ou au contraire de révolte, dont l'une des manifestations est le cycle des dépenses compulsives, avec l'argent du « contrôleur », afin de prouver sa propre existence et recouvrer une liberté présumée.

Mais les situations de prépondérance financière dans un couple ne sont pas immuablement fixées et les renversements engendrent de nouveaux comportements, qui portent la marque de l'état antérieur, si celui-ci a été mal vécu.

Liliane et Christian, trente-huit et quarante ans, consultent un spécialiste en thérapie familiale, pour une crise de couple, affective et sexuelle ; ils ne parviennent plus à communiquer sur aucun plan et souffrent tant de cette distance creusée entre eux qu'ils envisagent une séparation, malgré l'amour qu'ils portent à leurs trois enfants (douze, sept et quatre ans) dont ils envisagent avec grande émotion la douleur en cas de divorce. Après plusieurs séances, ils réalisent eux-mêmes dans des dialogues revendicatifs et assez violents que leur problème tourne autour des revenus du ménage, fournis d'abord et exclusivement par Liliane à la création du foyer, puis à ce jour par Christian sans partage, sa femme ayant choisi le statut de femme et mère au foyer.

Au début de leur vie commune de jeunes adultes et assez classiquement, Liliane a financé les études de médecine de son mari grâce à un pécule fourni par ses parents et des activités annexes modestes, et elle le lui a fait inconsciemment sentir. Au cours de cette assez longue période de dépendance, Christian a accumulé rage et humiliation et s'est juré de faire payer à son épouse, plus tard et quand il en aurait les moyens, ce qu'il considérait comme une grave infantilisation, à laquelle il avait pourtant consenti.

Maintenant qu'il a un cabinet médical florissant, c'est Liliane qui est sous son contrôle et il assume la vengeance qu'il s'était promise en distillant l'argent du foyer par toutes petites mesures, lorsque Liliane est contrainte par les besoins quotidiens de le lui demander avec insistance et à plusieurs reprises. Il ne donne jamais spontanément ou de façon prévisible. L'un joue pleinement son rôle de tout-puissant et l'autre celui de sacrifiée sans jamais se rejoindre dans le dialogue, puisque la crise est issue de sentiments confus rassemblés et enfouis dans l'inconscient de chacun à une époque différente. C'est par le biais de la patiente recherche de ces nœuds anciens avec l'aide d'un tiers neutre qu'ils parviendront à résoudre la crise qu'ils préféraient de toute façon surmonter autrement que dans une rupture. Ici, le conflit financier ne fait pas diversion à une discorde sentimentale en lui servant de masque, mais il est la cause première de la phase critique affective.

Au centre des soucis de dépendance ou d'indépendance financière au sein d'un couple, règne souvent et de chaque côté la terreur de l'abandon, qui renvoie à des expériences précoces et enfantines de perte pourtant provisoire de la mère, d'absence du père, même en dehors de toute séparation définitive. « Si je ne contrôle pas, si je ne peux pas contraindre la volonté de l'autre, notamment par l'argent, je peux être quitté(e) et rester seul(e), sans support et comme dévasté(e) », pense celui ou celle qui détient le supposé pouvoir économique dans le foyer.

On dénote une crainte symétrique de l'abandon chez celui qui est dans l'état de dépendance, sexuelle, affective et financière, puisqu'il a toujours peur de souffrir de l'état de manque si l'être ou le produit d'addiction vient à disparaître.

Dans la situation extrême d'assujettissement financier à l'autre, peut naître la terreur de l'effondrement, de la perte du moi, si l'on se sent réduit à l'impuissance et menacé par un partenaire trop dominateur qui risque alors de vous dévorer, de vous consommer en vous réduisant à néant. C'est là un effroi pathologique extrême, mais qui risque de surgir comme la crainte de l'absence de l'autre dans le cadre d'une emprise trop marquée de l'un des deux, surtout si elle s'exprime dans des rapports de force au sujet de l'argent.

Culturellement, et malgré l'évolution féminine professionnelle au cours des dernières décennies, certains hommes ont le sentiment d'être dépouillés de leur puissance si leur compagne s'assume financièrement, tout en exprimant le souhait manifeste qu'elle soit autonome. D'aucuns disent ou pensent alors : « Comme je gagne moins que toi, tu ne vas plus me respecter, ni même m'aimer, tu vas me mépriser. » Ceci rejoint l'angoisse d'infériorité, allant jusqu'à celle de castration, au sens psychanalytique. Et dans un jeu de perpétuel balancier, la femme vit à son tour dans la crainte d'être laissée par l'homme qui souffrirait excessivement de sa réussite.

Gilles et Colette, la cinquantaine chacun, forment ce qui semble être un couple équilibré, jusqu'au départ du foyer des deux enfants adultes, l'un pour se marier, l'autre pour faire des études à l'étranger. Colette décide alors de reprendre son activité professionnelle antérieure d'avocate dans une spécialité prisée, où elle recueille rapidement un certain succès, à la fois personnel et financier, ce qui lui permet de retrouver à l'égard de Gilles une autonomie à laquelle elle avait assez difficilement renoncé pendant de longues années, pour se consacrer à ce qu'il est convenu d'appeler son foyer. Malheureusement, Gilles trouvait la situation antérieure parfaite et se met à souffrir de l'indépendance émotionnelle et économique de sa femme, qu'il ressent comme une menace, étant d'un tempérament dominateur et possessif. Son attitude précédente, volontiers généreuse sur le plan de l'entretien de la famille, se modifie brusquement ; il diminue des deux tiers l'allocation mensuelle qu'il versait à Colette sur un compte joint pour l'entretien du ménage et exprime son amertume par de nouvelles petites phrases telles que : « Puisque tu gagnes tant d'argent, prends donc les places de théâtre, de cinéma, allons au restaurant à tes frais, et offre-nous une croisière en Méditerranée cet été avec tes honoraires. »

Gilles semble avoir perdu son équilibre dans le couple du fait de l'indépendance retrouvée de Colette, dont il craint maintenant qu'elle ne le quitte après lui avoir dérobé son pouvoir. Tout ce cheminement psychologique est dicté par la peur de l'impuissance et de l'abandon, sinon de la chute personnelle. Pour ne plus être envahi par ces craintes, une recette consisterait à apprendre, ou rapprendre à faire confiance à l'autre, mais cela passe par la confiance primordiale en soi-même.

Dans une variante spécifique de la terreur d'être délaissé, certains êtres choisissent un partenaire vivant dans la faillite monétaire permanente, entre l'endettement, le chômage, les dépenses compulsives, les échecs professionnels répétés, afin d'endosser le rôle du héros qui sauvera l'autre en détresse. C'est un comportement plus fréquent chez les femmes que chez les hommes. La femme qui veut conserver son compagnon à tout prix, le materne, couvre ses errements, paie ses dettes, pensant ainsi se l'attacher à vie. Ce peut être un comportement réactionnel à l'encontre d'un mode de vie antérieur sous la coupe d'un homme trop dominateur et imposant sa loi financière, ou pour ne pas réactiver un abandon déjà vécu. Mais celui ou celle qui est ainsi acheté peut avoir le désir forcené de secouer son joug et de retrouver un autre sauveur. Dans l'amour, on ne peut exiger de reconnaissance d'argent.

Rupture et compensations financières

Un couple ne fait jamais autant ses comptes que lorsqu'il se sépare. Qu'il s'agisse d'une rupture ou d'un divorce, l'argent est le prix des larmes, de la nouvelle existence, du départ, de la liberté, ou de la solitude. Il est le moyen de compenser le retrait d'amour, la perte de l'objet, la disparition de l'autre.

Les revendications financières, lorsque le lien affectif s'est relâché, sont les moyens de maintenir envers et contre tout une relation où l'on mêle les échecs, les frustrations, les rancœurs accumulées au cours de la vie commune, les restes de sentiment confus.

Les réclamations de biens, d'argent, de pensions, de rentes, de capital, de meubles et toutes les négociations douloureuses à leur sujet sont à la mesure de la haine entre les deux partenaires, elle-même antagonisme de l'amour-passion d'autrefois. Pour ne pas se haïr soi-même, comme un enfant qui projette tout le mauvais sur le monde extérieur, on investit sa haine sur quelqu'un qui avait autrefois fait partie de soi, simplement parce que la souffrance est insupportable. La violence parfois perverse de demandes ou de refus de compensations est plus acceptable psychologiquement qu'un aveu de vengeance et de détestation.

Le demandeur et le défendeur croient illusoirement que l'argent masquera le retrait d'affection et comblera l'absence. Toutes les armes de combat monétaire sont utilisées, juridiques et psychologiques, du chantage aux menaces, en passant parfois par des pressions exercées directement ou à travers les enfants.

Xavier et Lucile ont trente-cinq ans. Mariés depuis une dizaine d'années, ils ont deux enfants de neuf et sept ans, qu'ils protègent et surprotègent des douleurs de l'existence. Ils donnent toutes les apparences d'un couple brillant, uni, réussissant ce qu'ils entreprennent et vivant dans un tourbillon de succès et de vie publique, conforme à la profession de Xavier, qui est organisateur de spectacles. Mais Xavier trompe Lucile depuis le début de leur existence commune et celle-ci, très consciente, en a conçu une intense frustration dans une douleur qu'elle a voulu muette. Comme une fourmi mue par l'intérêt et animée par le désir de vengeance, elle accumule secrètement pendant des années les preuves de l'évasion fiscale des biens de son mari vers des paradis limitrophes... et demande le divorce en réclamant une très confortable pension pour elle et les enfants, mais surtout un capital considérable à titre de dédommagement, sous la menace de dénoncer Xavier aux administrations fiscales et douanières françaises. Lucile a obtenu ce qu'elle souhaitait et Xavier a obtempéré à ses demandes financières. Le divorce a laissé chacun dévasté, avec l'amertume née des trahisons de l'autre.

Le plus ardu, lors des comptes de la séparation, est le partage des biens qui se perd souvent dans des inventaires tumultueux et sordides, sur lesquels se transfère la douleur sentimentale. Même lorsque le tribunal en fixe les modalités, surtout lorsqu'un régime matrimonial en a déterminé les règles au départ – ce qui devrait théoriquement atténuer les combats –, les ex-partenaires luttent encore parallèlement pour conserver ce qu'ils croient leur appartenir ou obtenir ce qu'ils pensent leur être dû. Les meubles acquis en commun et les objets offerts au couple sont le symbole d'une relation qui devait durer à jamais, et leur répartition donne alors lieu à des arguties infinies qui ressortissent davantage de la volonté inconsciente de maintenir un lien que de l'avidité.

S'il n'y a que des revenus de part et d'autre, ou d'un seul côté, les solutions financières sont relativement aisées à trouver par un juriste ou un juge – dans la mesure où il n'existe pas de dissimulation –, grâce à la fixation d'une rente, d'une pension dite alimentaire, sujette à révision. Il est plus confortable de s'en remettre à la décision d'un tiers arbitre que de s'enliser dans des querelles sans fin où l'argent tient lieu de seule communication.

Les complications surgissent avec l'existence d'un patrimoine. S'il a été constitué en commun, par exemple dans l'outil de travail d'une entreprise, il est réalisable de l'évaluer. Mais comment en répartir le montant dans une stricte équité si l'un des deux partenaires se trouve privé brusquement d'activité professionnelle du fait de la séparation ? Les choses s'aggravent encore si le capital a été constitué par un seul des partenaires et si l'autre prétend à sa part. La législation nord-américaine a résolu cette question en affectant, dans une séparation, la moitié du capital à chacun des protagonistes, le patrimoine étant considéré comme appartenant à l'entité du couple.

Une autre variante, tout aussi délicate et sujette à des arcanes juridiques sans fin, se trouve dans les comptes de fin de foyer, dont un membre ne détient que du capital et l'autre des revenus. Claude et Yves, cinquante et un et cinquante-cinq ans, se séparent par consentement mutuel après vingt-cinq ans de mariage, pour une mésentente chronique et ancienne. Ils ont attendu pour ce faire que leurs enfants soient devenus adultes. Malgré leur souci de régler au mieux le divorce, la procédure s'enlise pendant plusieurs années, car ils ne parviennent pas à trouver un accord sur le montant de la rente qui doit être versée par Yves à Claude, lui ne disposant que de revenus salariaux et elle détenant familialement un patrimoine immobilier dont Yves prétend que les loyers devraient lui permettre de vivre très confortablement, hors toute pension. Inventaires, expertises et contre-expertises pourrissent définitivement toutes les relations actuelles et les souvenirs passés. Les enfants exaspérés, parce que pris à témoin et interrogés sur le train de vie de chacun, voient leurs parents distinctement et en cachette. Yves et Claude ne se parlent plus que par lettres recommandées et par avocats interposés. L'argent a ici dégradé tous les sentiments familiaux, mais maintient un rapport, les parties souhaitant inconsciemment que celui-ci perdure même s'il est purement guerrier.

Il y a dans l'acharnement à récupérer des biens meubles et financiers, tout autant que dans l'opposition à les donner et à les transmettre, un besoin pathologique de punition et de vengeance. Ici encore, comme lors de la vie commune, il s'agit de faire payer l'autre pour les douleurs rentrées et l'échec majeur représenté par la faillite affective. Les moyens de rétorsion touchent à la violence perverse, avec l'aide d'instruments légaux ressentis souvent comme une intrusion et une violation insupportables : visites d'huissiers ou d'experts, plis recommandés répétitifs, convocations au tribunal... Ce sont des armes utilisées dans un combat sans merci, dont l'argent est l'enjeu, suppléant à tout amour disparu.

Damien et Maud, chacun dans la cinquantaine, décident concuremment de divorcer après sept ans de mariage, pour cause d'usure et de fatique de l'existence quotidienne, comme cela arrive assez fréquemment. Aucun grief n'est articulé de part et d'autre. Comme ils n'ont pas d'enfant en commun et qu'il s'agit de secondes noces, tout permet de supposer que la séparation se déroulera sans heurts et à l'amiable. Damien, qui habitait dans une maison conjugale appartenant patrimonialement à Maud, s'installe rapidement dans un logement extérieur à son nom. Le cours de la procédure est interrompu brusquement lorsque Maud exprime le souhait de reprendre six tableaux de petits maîtres du XVIIIe siècle hérités de son père qu'elle avait entreposés avec divers objets, faute de place, dans un appartement éloigné de sa résidence et détenu personnellement par Damien. Non seulement celui-ci refuse de rendre ses biens meubles à Maud au motif qu'en la matière « possession vaut titre », mais il déclenche en réaction une demande judiciaire de remboursement par son ex-femme de travaux effectués et réglés par ses soins au domicile conjugal, car il « aurait ainsi par ses propres efforts accru la valeur du capital » de Maud. Il produit à l'appui diverses factures dûment photocopiées, de paiement par ses soins de factures d'entrepreneurs soigneusement répertoriées pendant de longues années. Maud en retour propose de restituer à Damien les bijoux qu'il lui avait offerts, préférant l'échange de biens à l'émission de chèques. Et ceci marque le début d'une interminable procédure qui perdure depuis quatre ans ; aucune solution n'est visible. On pourrait dire que la méfiance a vécu de concert avec la passion, mais que l'appât matériel l'a emporté, comme une marque de haine sans appel.

Comme de nombreux couples en rupture, Maud et Damien font indéfiniment leurs comptes ; inconsciemment, ils ne souhaitent pas y mettre un terme, car celui-ci signifierait un lien cassé à jamais et il n'y aurait plus que le néant. La haine, préférable au vide, démontre qu'il existe toujours un semblant de sentiment entre eux.

Dans des cas de divorce excessivement difficiles, un marchandage sordide peut s'instaurer à propos des enfants, notamment sur les montants des pensions à attribuer à celui qui en a la garde et la charge d'éducation. Les luttes sont d'autant plus violentes que la détestation du conjoint s'est déplacée vers les enfants, dans la rancœur et la perversion. Face à l'avidité, à la cupidité, à l'acharnement de l'autre, nombreux sont ceux qui renoncent à leurs demandes ou à leurs défenses, fussent-elles légitimes, et qui acceptent celles de leur ex-compagnon pour faire un deuil définitif et rapide de la relation plutôt que de poursuivre une guerre comptable sans espoir.

En France, les graves contentieux monétaires sur les pensions alimentaires ont été suivis de luttes tout aussi douloureuses sur les prestations compensatoires versées, depuis la loi de 1975 sur le divorce, à celui des conjoints défavorisé financièrement dans le cadre d'une séparation, notamment s'il ne dispose ni de capital ni de revenus personnels. Les tribunaux ayant largement attribué ces prestations sous forme de rentes viagères non révisées, le législateur s'est récemment saisi de leur réforme pour en limiter les abus d'application. Il est important de noter, dans le cadre d'une réflexion sur les aspects matériels de la rupture, que la rente est présentée par le président de l'Association pour la réforme des prestations compensatoires (Arpec) comme « un lien jamais rompu entre les anciens époux, un chèque mensuel qui entretient la haine, pourrit les relations familiales »...

Réalisme et lucidité conduisent malheureusement à conclure que l'objectif trop fréquent de ceux qui se séparent est de prendre le plus possible et de donner le moins possible à l'autre. Ils mettent dans cette guerre matérielle la même passion acharnée que dans les sentiments d'autrefois et peuvent faire preuve d'une implacable hostilité – l'envers de l'amour – à l'encontre de celui qui est devenu l'ennemi.

Bienheureux sont ceux, et ils sont maintenant plus nombreux que les exemples précédents ne le laisseraient croire, qui engagent et accomplissent une séparation ou un divorce « gracieux », et non plus « contentieux », assorti d'un partage « équitable » des biens, le mot ayant évidemment un sens variable suivant celui qui s'en réclame. De célèbres divorcées, épanouies et heureuses de l'être (par exemple Mouna Ayoub ou Ivina Trump, connues pour avoir tiré grand profit de leur mariage et de leur divorce), confient ainsi leur satisfaction aux médias en incitant les femmes à suivre leur exemple... ou à en rêver.

L'argent entre parents et enfants

En théorie, les parents sont désintéressés vis-à-vis de leurs enfants. En théorie seulement, car les rapports entre ceux-ci se définissent souvent en termes financiers. Nombre de parents investissent dans leur petit en vue d'en obtenir un intérêt psychologique, une revanche sur leur propre vie ou sur leurs rêves inassouvis ; l'enfant serait comme un placement qui pourrait rapporter gros, en tout cas ce qu'ils n'ont pas accompli ou obtenu dans leur existence, comme une réalisation personnelle postérieure par personne interposée, qui serait cependant un morceau de soi, un double, un clone. Or, l'enfant a besoin d'être aimé sans raison, simplement parce qu'il est lui.

Certaines mères poussaient naguère leur fille vers une carrière de danseuse à l'Opéra ; aujourd'hui, elles rêvent que leur progéniture soit top model ou actrice, ou, si c'est un garçon, champion de sport. Les pères ne sont pas en reste, qui, dans ce cas de figure, favorisent davantage, parfois au mépris des désirs propres de ceux-ci, l'intégration de leurs enfants dans une grande école. Il s'agit là d'un amour parental narcissique... et d'une erreur flagrante : l'enfant n'est pas une chose ou un produit doté de rendement ; il convient de lui donner gratuitement et sans attente de retour, si ce n'est l'espoir éventuel d'une aide légitime à la fin de sa propre vie et à un âge avancé, si l'on est très démuni.

L'argent donné à l'enfant par les parents, dans le cadre de son entretien, de ses études, ou simplement de son plaisir en ce qui concerne l'argent dit « de poche », peut donner lieu à une déviation psychique, s'il s'agit, comme à l'égard du partenaire, d'asseoir son contrôle sur l'autre et de contraindre sa volonté.

Fabrice, âgé de cinquante-sept ans, se retrouve soudain sans pouvoir et, dit-il, « sans existence » lorsque sa fille Martine, vingt-quatre ans, prend son autonomie à l'issue de ses études en louant un studio et en s'assumant totalement par son premier salaire. Le fils aîné de trente ans, marié depuis quatre ans, tout à fait indépendant, ne rend plus de comptes à ses parents. Fabrice, effrayé par la perte de son assise financière sur Martine, lui qui distillait de l'argent au compte-gouttes lors de l'enfance et de l'adolescence, entend ne pas céder sur l'entrave qu'il imposait inconsciemment et croit prolonger le lien d'autorité en faisant en sa faveur un virement automatique mensuel qu'elle refuse en arguant du fait qu'elle n'en a pas besoin.

Fabrice n'est pas un cas exceptionnel. De nombreux parents continuent de verser à leurs enfants devenus adultes l'allocation qui était la leur au foyer, dans un souci plus ou moins conscient de mainmise sur eux, et dans la terreur du vide, de l'absence et de l'approche de la vieillesse assortie de solitude lorsqu'ils ont quitté la maison en forme de cocon. L'argent serait alors un lien maintenant une communication factice, mais rassurante.

Toutefois, contrairement à ce qui a été longtemps énoncé, les parents n'ont pas toujours tort dans l'éducation des enfants comme dans les biens matériels qu'ils leur octroient. Ils ne sont pas bons ou mauvais de façon manichéenne dans ces mouvements et la volonté de puissance n'exclut pas une générosité profonde de leur part.

Une fois adultes, les enfants restent imprégnés des rapports à l'argent vécus et ressentis au cours de leur jeune âge ou de l'adolescence, qu'il s'agisse de leurs propres relations avec les parents à travers le jeu monétaire ou de celles de leurs père et mère entre eux. S'ils ont le sentiment que les parents retenaient l'argent à leur encontre comme punition et qu'ils n'en obtenaient d'eux que comme récompense, ils pourront le confondre toute leur vie avec l'amour, occultant à jamais que celui-ci est naturellement gratuit.

Ce sentiment est particulièrement développé chez les enfants ayant servi d'instruments de chantage aux pensions alimentaires dans des divorces difficiles, ou chez ceux dont les parents immobilisaient en eux la tendresse comme ils conservaient maladivement les ressources monétaires au foyer. L'enfant et l'adolescent peuvent apprendre très tôt à « se débrouiller » pour obtenir ce qu'ils veulent, en espèces ou en objets de convoitise ; ils peuvent par exemple négocier leurs câlins vis-à-vis d'un parent en cachette de l'autre, ou encore en faveur de tel ou tel grand-parent. « Si on m'aime, on me gâte, donc on me donne », peut être une idée gravée en nous pour toujours, construite à partir d'un amalgame de départ entre les sentiments et le matériel. Ce peut être une confusion engendrant une névrose certaine, sans qu'elle devienne toujours pathologique.

Dans des cas extrêmes et anormaux, la violence perverse d'un adulte sur son enfant peut s'exercer successivement par le sexe et par la privation matérielle. Ainsi Christina, trente-deux ans, consulte en Allemagne un psychothérapeute pour une dépression profonde, se traduisant par deux tentatives de suicide rapprochées. Célibataire et seul membre de sa fratrie à occuper un emploi fixe salarié, elle est contrainte d'assumer à part entière la lourde charge de sa mère divorcée, placée pour la vie dans une institution médicalisée en raison d'une invalidité qui la prive de toute autonomie. Christina se sent écrasée par l'injustice et submergée par l'amertume. Elle se dit avoir été privée d'enfance et n'avoir jamais trouvé d'identité de femme. Abusée sexuellement par son père pendant de très longues années, elle l'en a accusé publiquement dès sa majorité, et celui-ci s'en est cruellement vengé en transmettant par donation tous ses biens immobiliers et mobiliers visibles au frère et à la sœur de Christina, tout en se rendant personnellement insolvable. Aucune des autres parties de la famille n'ayant de revenus réguliers, Christina s'est retrouvée seule avec la responsabilité financière de la mère, désespérée face au poids de cette charge et à la malédiction d'un père pourtant coupable. Christina a été victime de la grave perversion d'un adulte qui, privé de sa propre jouissance et de celle qu'il voulait imposer à l'enfant, l'a prolongée dans une action tout aussi perverse, mais purement monétaire, à l'encontre de celle qu'il voulait punir définitivement. On retrouve dans cet exemple tragique les liens indissociables entre sexe et argent chez le détenteur de l'autorité.

Nous portons tous en nous les modèles et archétypes parentaux à l'égard de l'argent. Ces modèles peuvent être à l'origine de jugements erronés (« amour signifie argent »), de bouleversements psychiques profonds, de conflits et de névroses. Découvrir qu'une distanciation et un dépassement en ce qui concerne le passé sont possibles, sinon aisés, est un premier pas vers le mieux-être. Seuls la réflexion sur soi-même et ses ancêtres, et, éventuellement, un nouveau mode de vie, peuvent conduire à l'apaisement et à une plus juste répartition des choses.

Test : l'argent empoisonne-t-il votre couple ?

• Avez-vous mis clairement au point avec votre partenaire (mari, épouse, compagnon, compagne) les bases d'un accord financier pour le budget de la vie courante ? Le respectez-vous ?

Si vous ne l'avez pas fait, vous risquez de polluer vos relations quotidiennes de couple par les questions monétaires – par exemple, « qui paie quoi » –, avec des revendications et des sentiments d'injustice et d'inégalité à la clef. Établir un contrat souple et révisable en fonction de l'évolution des revenus de chacun, vous permettrait de simplifier votre vie et d'orienter votre existence à deux vers des sujets communs plus intéressants et constructifs.

Mais peut-être avez-vous passé un accord sans le respecter, le remettant sans cesse en cause dans des discussions portant sur des dépenses que vous jugez excessives, ou sur l'insuffisance des revenus de l'autre, vous arrêtant à une idée d'injustice dans les contributions réciproques. L'argent devient le principal sujet de conversation entre vous : il est sans doute le symptôme douloureux d'un malaise ou d'une crise de couple et cristallise sur lui d'autres problèmes affectifs sur lesquels il serait utile de se pencher.

• Avez-vous prévu un contrat de répartition et de gestion du patrimoine au début de votre cohabitation, en dehors des dispositions légales habituelles, de façon à éviter les drames financiers si fréquents dans les cas d'évolution différente des biens réciproques au cours de la vie commune et au pire, de séparation ?

Si vous ne l'avez pas envisagé par crainte superstitieuse de prévoir le pire, c'est-à-dire une rupture, dites-vous que cela ne signifie pas qu'elle doive se produire ; mais une mesure de prudence prise au début d'une relation, à un moment idyllique d'entente, permettrait d'envisager un avenir plus serein par un arrangement, *a priori*, de graves différends financiers futurs, qui ne pourraient que renforcer la douleur de la perte de l'autre, si elle survenait.

• Lorsque vous contribuez aux dépenses de la famille, si ce n'est automatiquement et périodiquement fait par virement, faut-il que votre partenaire et vos enfants vous le demandent à plusieurs reprises, vous réclament de l'argent en vous remettant des factures ou des justificatifs de frais, vous exposent leurs besoins ou tout simplement leurs envies, avant que vous n'acceptiez de donner ? Dans tous les cas, vous ne donnez jamais spontanément.

Même si vous n'en avez pas conscience, vous utilisez sans doute l'argent comme un moyen, ou une arme de contrôle et d'emprise sur vos proches. En mettant les autres dans une attitude de demande systématique, vous avez le sentiment d'une puissance accrue à leur endroit, considérant que celui qui détient le pouvoir de délivrer ou refuser des moyens d'acheter, maintient autrui dans une position apparente de soumission, rassurante et réconfortante pour soi. Réfléchissez sur la revanche que vous prenez alors dans cette autorité factice, par rapport à une faiblesse affective ressentie dans le couple, ou vis-à-vis de ce que vous auriez vécu dans votre âge d'enfance et d'adolescence. Vous pouvez également « faire payer » à l'autre ce que vous croyez lui avoir octroyé sur un autre mode relationnel, par exemple le fait de l'avoir épousé, de vivre en commun, de lui avoir accordé votre nom, ou un certain confort, ou l'accès à un mode de vie...

Quoi qu'il en soit, il est temps de faire vos comptes avec vous-même au sujet de la relation familiale.

• Si vous êtes dans la position de celui qui reçoit financièrement de la part de l'autre, ressentez-vous durement cette dépendance ? Si vous en souffrez, prenez-vous les mesures nécessaires à votre autonomie ? Si vous ne le pouvez pas, quelles qu'en soient les raisons, vous enfermez-vous dans une attitude de demandes incessantes, de reproches ou d'amertume silencieuse ?

Une réponse positive à cette dernière question représenterait la pire des solutions, ne pouvant aboutir qu'à une crise, au foyer ou dans le couple. Mettre au point des comptes clairs et formuler des demandes chiffrées une fois pour toutes, sont susceptibles de faire évoluer les choses ou de faire éclater un abcès empoisonné qui ne peut que perdurer en s'aggravant, s'il n'est pas exprimé autrement que dans les disputes et les plaintes.

• Êtes-vous à la recherche plus ou moins consciente d'un partenaire qui a des problèmes avec l'argent, dans la dépense compulsive, l'endettement, le jeu, le mensonge monétaire chronique ?

Dans ce cas, c'est que vous souhaitez engager une relation inégalitaire avec l'autre, de maternage ou de paternage, pour le protéger, le maintenir en sécurité, le lier à vous de façon durable. Peut-être avez-vous vécu antérieurement dans un rôle inverse et souhaitez-vous désormais être le sauveur et le contrôleur, de façon à ce que rien ni personne ne puisse vous échapper ou vous être retiré. Mais soyez vigilant, car un rapport de cette nature peut à la longue donner à votre partenaire, ou à votre enfant, le désir forcené de se libérer de l'esclavage.

• Vous mettez-vous souvent en état de risque financier, afin que votre entourage ou les membres de votre famille vous portent secours, s'occupent de vous et vous protègent ?

Par la spirale du danger, vous appelez à l'aide et exprimez le désir d'être pris en charge comme un enfant malade et démuni, auquel ses parents vont enfin apporter de l'attention et de l'amour. Mais dites-vous que l'âge adulte peut ne pas répondre de la même façon à cette attente et que votre lucidité monétaire recouvrée serait préférable à ce trouble chronique difficile à supporter. Revivre différemment dans l'autonomie vous apportera d'autres gratifications.

• S'il y a rupture dans votre couple, considérez-vous que l'autre « doit payer » le prix le plus élevé possible pour sa liberté reconquise, surtout si c'est lui qui engage la séparation ?

Cela signifie que vous remplacez les liens précédemment affectifs, amoureux et passionnels par des relations exclusivement financières, dans un esprit de vengeance et de procédures. C'est une façon de maintenir un rapport envers et contre tout et de combler une perte, une absence par un objet qui comblerait illusoirement un manque en vous.

CHAPITRE III

Acheteurs compulsifs et malades du jeu

« Être riche, ce n'est pas avoir de l'argent, c'est en dépenser. »

Sacha GUITRY

Compulsion d'achat et ludopathie – autrement dit, la passion du jeu – sont toutes deux des attitudes d'addiction, comme la toxicomanie, l'alcoolisme ou la frénésie sexuelle, si elles aboutissent à une dépendance abusive envers l'objet de désir, celui-ci devenant organisateur de toute la vie, directement ou par ses conséquences, dont l'une peut être, par exemple, l'endettement. L'argent n'en est pas le moteur, mais la prise de risque et la mise en danger financières en sont le nœud essentiel, quoique non unique. Il faut d'abord régler pour satisfaire son besoin d'achat ; il faut d'abord payer pour jouer, même si l'on espère au moins récupérer sa mise. Et ensuite, il faut s'acquitter de ses dettes...

Les acheteurs compulsifs et les joueurs pathologiques perdent le contrôle de leurs impulsions et de leurs émotions devant le besoin de jouer ou d'acquérir, dans un état de tension et d'excitation irrépressible lié à la recherche de sensations et de plaisir. Une fois l'acte accompli, survient la phase de « descente », identique à celle que connaissent les toxicomanes, le bref apaisement étant suivi de stades de culpabilité, de honte, de dépression... et de manque.

S'il y a névrose aggravée, c'est que la relation est devenue source de contraintes excessives et incessantes qui occupent toute la pensée et que la satisfaction et l'apaisement ne sont jamais atteints. Après une indifférence apparente aux conséquences de l'action, l'argent devient source d'angoisse, surtout si la compulsion s'exerce au détriment de la famille, de l'activité professionnelle et des relations sociales.

Balzac, débiteur impénitent, savait ce que le mot « endetté » signifiait, lui qui avait aménagé, en cas d'urgence, une sortie de secours dans sa demeure parisienne, qui donnait dans une rue étroite, pour fuir ses créanciers exigeants et trop pressants... La spirale de l'endettement guette aussi les consommateurs excessifs contemporains.

La spirale des achats et des dettes

« L'argent, c'est une question de vie ou de mort. Il n'y a plus de prison pour dettes, mais les dépenses excessives et le gouffre de l'endettement m'ont placé dans des situations où j'envisageais les escroqueries, puis le suicide » (Philippe, quarante-deux ans, acheteur compulsif). Même si nous sommes généralement raisonnables face à l'argent, il nous arrive à tous d'effectuer un achat imprévu, non budgété et parfois extravagant, dont nous n'avions pas besoin, comme un caprice en forme de cadeau à soi-même, juste pour le plaisir et l'ambiance du lieu de vente. Dans ce cas, l'acte est le plus souvent empreint de gaieté.

Tout autre est la dépense compulsive, impulsion comportementale morbide trouvant ses racines profondes dans un état psychologique troublé. Le besoin d'acheter est impérieux, répétitif et survient lorsque la tension et l'angoisse intérieures sont telles qu'elles ne sauraient être calmées qu'en s'adonnant à la frénésie de la consommation excessive, comme l'absorption de boissons chez l'alcoolique. La drogue, c'est l'acquisition d'objets et la dilapidation de l'argent que l'on possède ou que l'on emprunte.

L'acheteur compulsif passe par différentes phases. Elles ont été cernées et analysées à partir de cas cliniques tirés d'observations de patients contraints de consulter et de devoir se faire aider pour sortir d'états pathologiques d'addiction à la dépense qui les entraînent dans de graves crises familiales, sociales, professionnelles, bancaires et financières qu'ils ne parviennent pas à résoudre, malgré des résolutions répétées :

– Préalablement à la décision d'achat, il existe un sentiment fréquent de dépression, de solitude, de vide affectif, de tristesse, de malheur, d'ennui, d'isolement, de frustration et aussi parfois de rage contenue et de colère, sensations qui s'accompagnent d'une incapacité à maîtriser ses impulsions.

– Le seul moyen qui semble accessible aux dépendants de ce type est de sortir pour dépenser ou, plus récemment, de se placer devant la toile d'Internet, de rêver à ce qui s'offre et d'appuyer sur les touches du clavier pour l'obtenir sans délai. Le passage à l'acte de l'achat endort brièvement les états psychologiques négatifs, rassure en générant une projection vers l'extérieur dans un *acting out* assimilable à un « flash » d'intense plaisir. C'est l'euphorie, la gratification narcissique et l'excitation de faire quelque chose de vaguement répréhensible, ou dont on n'aurait pas les moyens dans la réalité. Les consommateurs compulsifs, qui vivent dans le flou et l'imprécision de leur véritable situation économique, connaissent à ce moment apaisement et libération, comme s'il leur était retiré le poids et l'angoisse internes ressenties durement.

– Enfin, comme dans toutes les addictions, survient la phase de chute et de dur retour à la réalité. Envahi par des opinions sur soi mêlées de honte, de remords, de culpabilité, de fureur et d'anxiété par rapport aux façons d'assumer les factures, le dépensier se cache et dissimule aux autres ses emplettes tout en se dévalorisant : « Je ne vaux rien », pense-t-il. Il s'enferme dans le désespoir et se promet de ne plus recommencer. En vain.

Les récits et témoignages suivants illustrent ces diverses phases de l'achat irrépressible et compulsif.

« Une fois que j'ai acheté, pour me redonner confiance en moi et parce qu'une force irrésistible me pousse, le plus souvent des vêtements, des chaussures, des produits de beauté et des parfums, je les range dans un placard, je ne veux plus les voir et je ne m'en sers pas. Je me suis remplie, j'ai accumulé, je suis un peu rassurée, mais c'est comme si j'avais encore faim ; alors, je recommence le jour suivant. » Odile, quarante-six ans, est prise dans un engrenage de besoins de réassurance narcissiques, pulsionnels, immédiats. Elle tente de conforter son pouvoir de séduction et n'achète que des objets de parure, mais comme elle n'est jamais certaine de savoir plaire, elle renouvelle sans fin ses dépenses, croyant que le bien suivant pourra enfin la rendre irrésistible.

« Quand je suis saisie du besoin d'acheter, raconte Myriam (trente-huit ans), j'ai des maux de tête ; j'ai l'impression de devenir folle. Je vais alors dans un centre commercial où il y a des boutiques familières que j'aime, où je peux rêver, flâner en toute liberté, palper des objets, choisir et saisir. Il y a de la magie dans l'air, de la séduction, de la musique d'ambiance... Je suis anonyme pour le montant de mes dépenses et, en même temps, je suis flattée et encouragée par les vendeuses qui me connaissent. Je sors de là, des paquets plein les bras, je suis allégée de mes migraines et, aussi, de l'argent que j'ai jeté par la fenêtre et que je n'avais pas. J'ai vaguement honte, mais je suis d'abord soulagée. » Myriam soigne ses troubles physiologiques, d'origine probablement psychologique, par sa propre drogue, la dépense, dans un lieu de séduction où elle est reconnue, où elle peut nouer un lien social important, mais en même temps déculpabilisant. Personne ne lui fait de reproches sur la façon dont elle a utilisé son temps, ni sur ce qu'elle a payé pour acquérir. Elle est temporairement guérie de sa douleur physique, mais elle sait inconsciemment que le renouvellement de ses achats compulsifs ne sera qu'un placebo contre un malaise plus ancien et plus profond. Elle découvrira peu à peu, en thérapie, qu'elle réagit à tous les « coups » du monde extérieur, ou à ceux qu'elle perçoit comme infligés par son entourage proche, par de violentes migraines qui sont les symptômes de son immense angoisse devant la réalité. Myriam est restée dans un profond désir de vivre dans le cocon parental, sécurisant et protecteur, au sein duquel la dureté réelle de l'environnement lui demeurait cachée.

« Je me fais très plaisir en achetant toujours et souvent des vêtements, costumes, cravates et chaussures de grande marque, et même des voitures que je change chaque année. Il est dit dans les publicités auxquelles je suis très sensible que ces objets de luxe révéleront ma vraie personnalité. Ce sont des dépenses bien au-dessus de mes moyens financiers, mais j'ai l'impression de les valoir, de pouvoir me les permettre comme si j'appartenais à une classe sociale supérieure. J'ai accès au luxe par les découverts bancaires et je jongle avec les cartes de crédit, mais personne ne le sait. Ce que je porte, ce dans quoi je circule, me donnent la griserie d'exister et révèlent aux autres mon identité réelle. J'en suis tout fier. » Grégoire ne vit que dans le regard des autres, qu'il croit admiratif s'il exhibe des accessoires de luxe et jugés coûteux. C'est pour lui le moyen d'être identifié et de prouver son existence. Revanche sociale et satisfaction hédoniste sont étroitement mêlées pour lui ; la valorisation narcissique qu'il tire de ses achats compense largement le risque financier répétitif, jusqu'au jour où il est rattrapé par ses dettes et tente de se faire aider.

« Lorsque je suis déprimé et angoissé, mon seul remède est de passer à l'action, d'imaginer où je vais pouvoir me rendre pour dépenser et me livrer à quelque folie d'achat. Ensuite, je suis momentanément apaisé et content, puis je rentre chez moi ou au bureau ; ma fièvre est tombée et je sombre dans le remords, la culpabilité et l'angoisse de devoir payer. » Jérôme est sujet à des impulsions morbides comportementales qui le poussent à agir pour essayer de calmer sa détresse intérieure. Selon Otto Fenichel, dans *La Théorie psychanalytique des névroses*, l'impulsion morbide, « alternance d'actions et de remords », est une tentative infructueuse de « maîtriser la culpabilité, la dépression et l'angoisse par l'activité ». C'est grâce à la combinaison de techniques comportementales et de psychothérapie que Jérôme pourra juguler progressivement les compulsions dépensières et leurs causes profondes.

« Je vis entre deux obsessions : le manque affectif et l'argent qui permettrait à mes yeux de le combler. Quand ma vie sentimentale me submerge parce que je ressens son échec, je n'ai qu'une idée fixe, c'est de me consoler de l'absence d'amour en dépensant pour acheter tout ce qui me tente ou me tend les bras. Puis j'abandonne les objets ainsi acquis, parce que je n'en ai pas envie et qu'ils ne remplaceront jamais le sentiment et la chaleur d'un autre être. Je le sais pour l'avoir fait mille fois, mais ce qui me permet d'oublier, c'est d'acheter et d'emporter un objet de désir pour le mettre de côté presque instantanément. » Catherine consomme pour se consoler d'une frustration d'amour qu'elle peut connaître à l'âge adulte, mais qui est souvent une résurgence d'une blessure affective enfantine non prise en considération dans les premiers âges de la vie. Elle se fait plaisir et se venge simultanément de ce qui lui aurait manqué. Elle se remplit d'objets comme un boulimique de nourriture pour les rejeter tout aussitôt.

Pour tous ces consommateurs compulsifs, c'est l'acte d'achat qui prime sur l'objet investi brièvement et sans passion. L'essentiel, dans leur plaisir, est de dépenser dans une sorte d'ivresse, ce qui les différencie du collectionneur, qui choisit soigneusement une catégorie d'objets dans un thème précis avant de les accumuler et de les contrôler. Odile, Myriam, Grégoire, Jérôme et Catherine ne dominent rien, et en premier lieu leur impulsion qui les conduit le plus souvent à un état de surendettement sans fin.

Vivre dans les dettes

Vivre dans l'endettement, c'est tout un style d'existence, entre l'euphorie et le drame permanents. On calme l'angoisse en contractant de nouveaux emprunts disséminés et dissimulés, tout en se jetant dans des dépenses renouvelées pour se calmer instantanément et illusoirement, ce qui entraîne des perturbations croissantes familiales, sociales et professionnelles. Secrets et mensonges s'accumulent et l'on ne voit plus d'issue, sauf dans la fuite en avant ou, soudain, dans la prise de conscience et la recherche d'aide.

Celui qui a besoin d'acheter de plus en plus fiévreusement et par tous les moyens commence par dilapider son argent, celui qu'il a gagné ou hérité – dans ce cas, c'est comme s'il « brûlait » l'avoir de ses ancêtres –, puis celui de ses proches, et enfin il multiplie les dettes fractionnées auprès d'amis et d'établissements financiers. Il vit dans l'émotion et l'anxiété, et n'est relativement apaisé que lorsqu'il a de l'argent devant lui ou de nouvelles capacités d'emprunt.

Christophe est un débiteur chronique doublé d'un joueur. « J'achète n'importe quoi, explique-t-il. Je claque, je joue, je flambe. Je suis comme un enfant irresponsable auquel on doit porter attention. Je crois toujours que les autres viendront à mon secours. En même temps, je me sens très coupable de mettre ma famille en danger par mes situations de précarité et d'endettement. » Christophe a progressivement réalisé qu'au-delà du plaisir pur qu'il éprouvait dans l'achat et le jeu de hasard, c'était le risque quasi mortel qui lui donnait le frisson de sa propre existence. Se mettre en danger en permanence le ramenait à des états d'enfance où il « faisait des bêtises », ou était malade, circonstances qui attiraient l'attention de ses parents et les forçaient à s'occuper de lui, ce qui suscite maintenant chez lui des souvenirs nostalgiques enfouis de bien-être et d'amour.

« Je dois de l'argent à tout le monde, à mes amis, aux banques et aux organismes de crédit, raconte Patrice. Je mens à tous sur ma situation réelle financière, qui est catastrophique. J'ai des angoisses nocturnes et matinales, et chaque jour je me lève en me demandant comment je vais bien pouvoir faire pour régler mes factures. J'utilise tout mon temps libre à assouvir mes envies de dépenses et à rechercher de l'argent, en réalité à combler un trou tout en en creusant un autre. Alors, je cours d'un établissement à un autre et je téléphone aux amis. C'est l'enfer quotidien. La seule chose qui me rassure momentanément, c'est de pouvoir obtenir un nouvel emprunt ou de savoir à qui m'adresser pour régler une urgence. Il m'arrive même de m'endetter sans en avoir besoin immédiatement, juste pour me mettre à l'abri. » Patrice décrit sans complaisance la vie quotidienne infernale d'un débiteur excessif, entre la quête d'argent et les dépenses qui mobilisent toute son énergie. Lorsqu'il fait ce témoignage, Patrice en est encore au stade de la panique financière ressentie quand on se trouve dans la spirale de l'endettement. Mais il a pris conscience de son état et cherche une solution qui lui permettrait de sortir de l'engrenage. Cette solution passe d'abord par un inventaire lucide de son état et de son histoire.

« J'ai décidé de me faire aider pour sortir des cycles de ma vie d'endettée quand mon mari a découvert des factures impayées et des relevés de cartes de crédit que j'avais soigneusement dissimulés au fond d'un placard comme s'ils pouvaient ainsi ne plus exister. L'arrivée des huissiers m'a également poussée à lui avouer la réalité de ma situation. » Le comportement de Béatrice est caractéristique de nombreux débiteurs qui dissimulent, d'abord à eux-mêmes, puis à leur entourage, la réalité de leurs débours et de leur bilan financier, jusqu'à ce que quelqu'un la découvre et les oblige à faire face à la vérité. Les endettés vivent en effet dans le flou, la confusion et l'illusion que des procédés magiques, tels que la disparition visuelle de documents menaçants, feront qu'ils n'auront plus de matérialité.

« Le meilleur jour, explique Emmanuel, c'est le dimanche, car les banques sont fermées. Dans la semaine, je ne réponds pas au téléphone, de peur d'être appelé par un banquier. D'ailleurs, je n'ai donné à personne mon numéro de portable, sauf à mes interlocuteurs professionnels. Depuis des mois, je n'ouvre plus mon courrier bancaire. Je ne sais pas très bien comment j'en suis arrivé là, sinon qu'à l'époque où j'avais une activité florissante, j'achetais sans compter des voitures et des vêtements somptueux, j'invitais tout un chacun dans les plus grands restaurants et je faisais des cadeaux luxueux. Comme je me sentais alors beau, riche, puissant et aimé ! » Emmanuel révèle clairement dans sa dernière phrase les bénéfices que lui apportaient ses dépenses excessives, même s'il pouvait se les autoriser à une certaine époque : le sentiment d'exister en tant qu'être fort et attirant, impressionnant les autres et s'en croyant apprécié. Lorsque sa situation professionnelle a évolué défavorablement, il n'a pas souhaité modifier son train de vie en le réduisant et a donc eu recours à l'endettement pour se faire plaisir dans les achats personnels, tout en continuant d'inonder son entourage d'invitations et de cadeaux. Il voulait être aimé, estimé et donner l'image d'un certain pouvoir à tout prix. La prodigalité pour soi et pour autrui passe par l'hypothèse première que l'on n'a pas de valeur en soi. Elle tend à démontrer publiquement que l'on est généreux et fort, et que l'on ne thésaurise pas de façon avaricieuse un argent considéré intérieurement comme sale, qu'il est donc préférable de « jeter par les fenêtres », d'autant plus que le cadeau dispendieux ne saurait dans cet imaginaire que rapporter gratitude, affection et éblouissement de la part des autres. Un exemple de cette prodigalité en forme de besoin d'amour se poursuivant et se terminant dans la détresse personnelle a été magistralement fourni par Shakespeare dans sa pièce *Timon d'Athènes*.

« J'ai toujours besoin de prévoir les investissements considérables que je vais effectuer : nouvelle voiture, ordinateur de la dernière génération, bibliothèque, rénovation intégrale de la maison, acquisition d'une résidence secondaire. Je planifie à six mois, je réfléchis à tous les modes d'emprunt possibles... et je passe à l'acte, sans en parler à quiconque, puisque j'ai une certaine autonomie financière grâce à mon activité. Mais je ne parviens jamais à régler mes échéances. Heureusement, ou malheureusement pour ma guérison, mon mari fait des chèques pour les régler, tout en disant que cela ne peut durer. Cette perpétuelle position d'assistée m'est devenue insupportable. C'est la raison pour laquelle j'ai décidé de me faire aider, mais il est très difficile de renoncer à ses rêves, surtout lorqu'ils sont grandioses et déculpabilisés par le fait de me persuader que tous ces frais bénéficieront à ma famille. » Juliette a une histoire familiale liée au maniement de l'argent par ses parents envers elle. Ses parents l'aimaient, certes, mais ne portaient jamais attention à elle, car toujours absents. Se sentant vraisemblablement coupables, ils compensaient par des cadeaux excessifs, qui ne remplaçaient pour Juliette ni la tendresse ni la présence désespérément manquantes. Si l'on aime, on doit payer, pense-t-elle à l'âge adulte, et c'est ce qu'elle demande inconsciemment à son mari en se mettant en danger financier de façon permanente.

Les endettés chroniques ont les plus vives difficultés à évaluer la réalité et préfèrent s'en remettre aux autres sous la forme d'un sort inattendu et généreux pour échapper à l'engloutissement. En conséquence, ils cachent la vérité de leurs déficits à eux-mêmes et à autrui, estimant inconsciemment que leurs problèmes avec l'argent proviennent du monde extérieur, d'où découle l'attente de sauveurs providentiels. Dans leurs rapports avec la finance, ils sont d'abord dans l'émotionnel et très rarement dans le factuel. Ils sont dans l'incapacité de gérer un budget ou leurs comptes bancaires et il a été remarqué qu'assez curieusement, ils peuvent difficilement tenir avec rigueur un agenda, leurs relations avec le temps étant également déformées, tant il est exact que le temps et l'argent sont étroitement liés.

Qu'est-ce que l'anorexie financière ?

L'anorexie financière est une autre forme de dépendance ou de fixation sur l'argent. Elle peut prendre des formes variées : incapacité de se faire rémunérer à sa juste valeur ; refus de toutes les propositions professionnelles, qui ne paraissent pas dignes de soi ; impuissance à dépenser pour soi, même si l'on en a les moyens, surtout si l'on pourrait en retirer une satisfaction ou un plaisir ; opposition systématique au fait de souscrire un emprunt, même s'il est raisonnable et permet d'accéder à un bien nécessaire et rentable à terme.

Il s'agit d'une paralysie totale face à l'argent, tant dans les recettes que dans les dépenses. C'est un mécanisme de contrôle, dans un cadre d'orgueil et de fierté. L'avarice en fait partie, avec le besoin de tout conserver, de ne rien donner, ni jeter, et d'avoir la maîtrise sur toutes choses, assortis de la peur de perdre. Mais tous les anorexiques financiers ne sont pas avares ; ils peuvent l'être pour eux, tout en se montrant généreux, voire prodigues avec les autres.

« Je ne peux pas entrer dans la vie active et gagner de l'argent, raconte Anne-Laure. Chaque fois que je passe un entretien de recrutement, je suis terrifiée. Je loupe les tests, je réponds à côté aux questions ou je ne réponds pas. Je ne supporte pas l'idée d'être rémunérée. » Anne-Laure considère inconsciemment qu'elle ne vaut rien, et surtout pas un salaire. Il s'avèrera qu'elle a souffert dans son enfance d'une pauvreté d'amour : puisqu'elle n'a reçu ni tendresse ni gratification de la part de ses parents, c'est qu'elle ne les méritait pas. Elle reproduit donc à l'âge adulte ce processus de dévalorisation et se place en situation d'échec dès que quiconque est susceptible de lui attribuer une valeur.

« Je suis tétanisée dès qu'il s'agit d'argent. Je ne parviens jamais à me faire embaucher pour un poste fixe. En même temps, je suis incapable d'acheter des vêtements ou quoi que ce soit pour moi. Je ne peux pas dépenser ; rien que d'y penser, j'ai mal au cœur. » Pour Diane, l'argent est un vrai tabou, qu'il s'agisse d'en encaisser ou d'en dépenser. Face à ce problème, elle est démunie comme un enfant devant les dangers de l'inconnu du monde extérieur qui le menace. Au cours d'une thérapie, elle découvrira que cette paralysie trouve sa source dans les messages parentaux transmis sur ce point : ses parents étaient si secrets et si mystérieux avec l'argent qu'elle en a déduit que c'était un péché à dissimuler dans un silence absolu.

« Je suis comptable professionnel. J'ai choisi ce métier à l'origine parce que j'étais attiré par les chiffres, mais je me suis progressivement rendu compte que je préfèrais manier les comptes des autres plutôt que les miens. Je ne parviens pas à me vendre pour un emploi, ni à trouver ma vraie valeur de salarié. Je vais d'une mission intérimaire à une autre ; entre chacune d'elles, je vis dans l'angoisse avec un grand froid intérieur. Comme je suis mal payé et que je travaille relativement peu, j'ai toujours besoin d'argent. Je jongle avec mes multiples cartes de crédit et je ruse avec mes banques auxquelles mon métier inspire confiance. Mais je suis maintenant dans une situation d'endettement inextricable dont j'aimerais sortir. C'est comme une maladie. J'espère comprendre et guérir. » Comme la majorité des anorexiques monétaires, Pascal a une histoire parentale financière douloureuse. Son entourage familial, aux moyens certes modestes, ne cessait de lui répéter à la puberté et à l'adolescence, lorsqu'il sollicitait de l'argent de poche ainsi qu'en disposaient ses copains : « Qu'est-ce qui te fait croire que tu mérites de l'argent ? Tu le gagneras par toi-même, plus tard. Pour le moment, tu ne le vaux pas. » Pascal n'a jamais su ce qu'il valait, ni sur le plan professionnel, ni sur le plan personnel. Mais pour exister autrement aux yeux de son entourage, il s'est débrouillé en vivant décemment en apparence et il a découvert les possibilités de l'endettement.

« Chaque fois que je me trouve dans un magasin, je me dis : "Je ne vais pas acheter cela, je ne le mérite pas et je n'en ai pas besoin." Au fond, j'ai repris à mon compte le radinisme de ma famille. » Bruno n'a jamais pu oublier les préceptes familiaux où chaque sou était compté et ne devait en aucun cas être dépensé pour se faire plaisir, même en ayant les disponibilités adéquates, mais ne pouvait qu'être accumulé pour l'avenir, l'insécurité et la thésaurisation rassurante. Pour lui, personne ne mérite ou ne vaut qu'on retire de l'argent du matelas symboliquement et patiemment tissé par des générations et les lieux d'achat sont assimilés à des lieux de perdition. On ne boit pas, on ne fume pas, on ne joue pas aux courses et on n'achète pas, sinon le strict nécessaire.

« Depuis plusieurs années, je refuse la plupart des missions d'audit et expertise qui me sont proposées en tant que conseil exerçant en profession libérale, car je considère qu'elles sont indignes de moi ou qu'elles sont assorties d'une rémunération trop modeste compte tenu de mes capacités. J'ai eu fréquemment recours à l'aide financière de mes amis ou aux établissements de crédit et j'ai brusquement cessé, il y a quelques mois, lorsque j'ai pris conscience d'un endettement personnel excessif qui mettait en danger ma famille. J'ai gravement souffert moi-même des dettes de mes parents, qui faisaient subir des privations de tout ordre à nous, leurs enfants, et nous faisaient vivre en permanence dans la peur des créanciers, au point de ne pas pouvoir quitter le Canada, mon pays d'origine, comme ils le souhaitaient, sans avoir réglé préalablement leur passif personnel. Désormais, je me prive de tout et j'économise sur la nourriture et les vêtements pour protéger mon foyer. En attendant de trouver des activités rétribuées comme je dois l'être, c'est ma femme qui assume les frais de la maison, l'éducation des enfants et quelques loisirs. Comme je suis très raisonnable, je n'utilise plus mes propres cartes de crédit, mais les siennes. Je lui rendrai tout cela au centuple dès que mon talent professionnel aura été enfin reconnu à sa juste valeur. » Charles a d'abord répété les schémas familiaux d'endettement fiévreux, puis a été rattrapé par les souvenirs terrifiants de privation de liberté face aux créanciers et aux engagements qu'on ne peut assumer. Il a décidé de changer, c'est-à-dire, dans sa problématique d'anorexique, de ne plus rien dépenser pour lui-même, mais en conservant l'autre volet de son orgueilleuse névrose, à savoir de refuser systématiquement toute rémunération qui ne paraisse pas digne de lui. Il veut afficher noblesse et rigueur pour sa famille, mais il profite sans vergogne du travail de son épouse, en se déculpabilisant par la pensée fallacieuse qu'il le lui rendra un jour lointain.

« J'ai toujours manqué d'argent, en tout cas depuis que je suis entrée dans la vie active à l'âge de vingt ans. Je vis entre les découverts bancaires et les crédits *revolving*. Pendant longtemps, j'ai dépensé sans compter, en me faisant très plaisir, surtout en vêtements, chaussures et foulards. J'ai abandonné les achats compulsifs pour moi lorsque mes revenus professionnels ont baissé sensiblement à la suite d'un licenciement et je suis presque entrée alors dans ce qui m'apparaît être l'avarice, que j'exècre. Toutefois, je suis très généreuse avec mes deux fils, de vingt-trois et vingt et un ans, que je gâte de toutes manières et probablement de façon exagérée compte tenu de mes revenus et du fait que je les assume seule. Mais je ne peux m'empêcher de leur acheter, par un endettement supplémentaire, voitures, ordinateurs, montres et chaussures signées. Ils vivent avec moi et nous sommes très proches les uns des autres ; mais parfois, je suis très nerveuse et angoissée par les montants de mes échéances et l'ambiance à la maison devient insupportable. » Muriel est une débitrice compulsive. L'endettement est son mode de vie. Mais si elle est entrée dans une phase d'économie anorexique pour elle, elle reste dans les achats fiévreux pour ses enfants pour bien prouver qu'elle les aime et s'en faire aimer, encore au prix de graves difficultés. Comme d'autres sont prodigues avec leurs amis, elle estime inconsciemment que sa générosité matérielle envers ses fils renforcera l'amour vécu comme fusionnel. Mais elle ne peut s'empêcher de projeter sur eux ses angoisses financières et le foyer ne se développe pas dans une atmosphère paisible.

L'anorexie financière, on le voit, est l'autre versant des comportements frénétiques et pathologiques individuels avec l'argent, trouvant sa source la plus fréquente dans l'histoire familiale et les messages parentaux, qu'il s'agit de décoder et d'intégrer pour se sortir de l'emprisonnement monétaire excessif dans un sens ou dans l'autre. De même que l'on peut être dans la rétention pour soi et la libéralité pour autrui, les phases d'anorexie sont susceptibles d'alterner avec des périodes de plongée dans des achats non contrôlés financés par des dettes et il convient de rester vigilant.

Compulsion d'achat : peut-on se soigner ?

Quand on a touché le fond de l'endettement, ou de l'incapacité à se faire rémunérer, et que la passion-obsession de l'argent sous toutes ses formes ne laisse entrevoir que le recours à la cavalerie ou à l'escroquerie, ou pire, afin de fuir définitivement, que la seule solution du suicide, on peut décider de se faire aider.

Les instruments de soins à la disposition de tout un chacun sont multiples lorsque la souffrance devient insupportable. Pour aller mieux, cerner et contenir la compulsion, on peut adopter des techniques comportementales avec mises en situation, et intégrer des groupes de psychodrame avec jeux de rôle.

Les psychothérapies traditionnelles s'attachent, par le discours du patient, à le libérer de ses peurs, de ses souvenirs, de ses automatismes et de sa culpabilité. La méthode psychanalytique, qui repose sur les racines de l'inconscient, travaille sur la dépendance en mettant en avant les traumatismes et les manques, les frustrations de l'enfance sur le plan affectif, que l'on tente de compenser à l'état adulte par les lots de consolation monétaires.

Parmi les cures de groupe les plus éprouvées, domine celle des Dépendants anonymes, destinée à ceux qui souffrent d'addictions diverses ; elle comporte actuellement plusieurs millions de membres à travers le monde. À l'origine, en 1934, se trouve le réseau des Alcooliques anonymes, dits AA, créé par un financier new-yorkais atteint d'une maladie d'alcool qui le rendait dépendant, tout comme son cofondateur chirurgien. Ils rédigent conjointement le programme des Douze Étapes qui permet progressivement, avec l'aide d'un parrain, de se libérer d'une addiction douloureuse et invalidante, par l'expression publique dans un entourage chaleureux et soutenant, l'introspection et un nouveau plan de vie.

Sur le modèle des Alcooliques anonymes, il existe aujourd'hui quelque quatre-vingts groupes qui ont tous pour objectif de permettre à leurs affiliés volontaires de mettre fin à un esclavage envers une substance, un produit ou une situation, qu'il s'agisse de l'alcool, de la drogue, du sexe, du travail, du jeu, de la nicotine, des aliments... ou de l'argent. L'accès en est évidemment gratuit.

Dans ce dernier registre, comme d'ailleurs dans les autres, il ne s'agit pas de comprendre pour quelle raison profonde on est parvenu à une situation apparemment inextricable – cela, la psychothérapie doit le faire découvrir –, mais comment on peut arrêter et sortir de la spirale.

Le réseau des Débiteurs anonymes a été mis au point dans ce but, selon les mêmes règles que les autres groupes. Il apporte un support communautaire et quasi familial, parce que contenant, à toute personne souffrant d'un endettement excessif, donc angoissant, et/ou d'une incapacité à se faire rémunérer à sa juste valeur. Dans les réunions périodiques, les membres prennent, s'ils le souhaitent, la parole devant un auditoire composé de dépendants ayant la même problématique, ni juges, ni bourreaux, et qui appliquent le précepte fondamental : « Ensemble, nous pouvons. » Pour ceux qui, involontairement, encouragent leurs partenaires dans la voie de la dépendance financière tout en croyant les aider en réglant leurs factures et leurs dettes « parce qu'ils le valent bien », ou, tout simplement, parce qu'ils croient se les attacher à vie, il existe le groupe des Codépendants affectifs anonymes (CODA) – l'addiction amoureuse pouvant en effet prendre de multiples formes.

Dans les groupes ayant trait à l'argent, et d'abord dans celui des Débiteurs anonymes, il s'agit de traiter la monnaie comme un objet dans lequel on ne doit s'impliquer ni affectivement ni passionnellement. La matière financière, traitée dans sa réalité, cesse d'entraîner le patient dans le flou des espoirs insensés ou la fuite en avant à la limite de la légalité. Toute thérapie dans ce réseau d'entraide passe d'abord par un inventaire lucide de sa situation personnelle, puis par une définition de ses besoins avec l'objectif d'adapter les rentrées aux nécessités. Le débiteur – ou l'anorexique financier – tient individuellement un carnet de recettes et dépenses quotidiennes, et tente d'être vigilant face à ses impulsions pour lesquelles, quand elles surviennent, il peut toujours contacter téléphoniquement un autre membre et recueillir une écoute amicale et un conseil.

L'organisation, aconfessionnelle, a fait ses preuves, malgré les réticences de certains face à une orientation spirituelle d'origine faisant appel à une puissance supérieure, quel que soit le nom qu'on lui donne.

Les ludopathes

Les jeux d'argent et de hasard ont depuis toujours une réputation sulfureuse et infâmante, pouvant entraîner suicide, meurtre et, jusqu'au XIXe siècle, prison pour dettes. Même si les joueurs proclament que le plaisir et l'excitation viennent seulement du jeu pour le jeu, et non de l'appât du gain, l'argent est un rouage essentiel de l'acte même de jouer, qu'il s'agisse de la mise initiale ou des espoirs les plus insensés de devenir riches, de « se refaire », ou de pouvoir régler par des profits soudains… les dettes de jeu.

Avant de devenir un joueur effréné et dépendant, Dostoïevski, désespéré par sa vie et poursuivi par ses créanciers, avait été séduit en 1862, à l'âge de quarante et un ans, par ces lieux de hasard et d'illusion grâce auxquels un homme dans la misère peut, en quelques heures, amasser une fortune qui résolve tous ses problèmes. Cette passion obsédante ne le quittera pas durant plus de dix ans. Il jouera très fréquemment à la roulette en dehors de la Russie, dans les maisons de jeux européennes, particulièrement en Allemagne, à Baden-Baden ou à Wiesbaden, surnommant même cette dernière Roulettenbourg dans *Le Joueur*, où il se met en scène sous le nom d'Alexis.

À cette époque, l'écrivain mêle dans sa vie personnelle la conquête de la femme aimée et la nécessité de jouer pour se présenter à elle dans l'opulence. Passionnément épris de Pauline Souslova, de vingt ans sa cadette, qu'il doit rejoindre à Paris, il décide de faire une halte de quelques jours à Wiesbaden dans l'illusion d'y gagner les sommes nécessaires à l'évincement d'un rival espagnol. Il n'aura ensuite avec Pauline qu'une relation confuse et frustrante, sans réel assouvissement amoureux. C'est ce même rapport chaotique, dans une intrigue liant le jeu, l'espoir d'argent et d'héritage, et l'amour, qu'il narre dans *Le Joueur*. Son héros, Alexis, joue à la roulette dans le seul but avoué d'arracher Paulina, dont il est épris, des griffes d'un Français qui la retient prisonnière à cause d'une dette. Grâce à un gain fabuleux de cent mille florins, acquis en une soirée, Alexis passera une unique nuit d'amour avec Paulina, avant que celle-ci ne le mette définitivement à distance.

Alexis a honte de sa dégradation dans le gouffre du jeu comme Dostoïevski, qui compare cet enfer à celui du bagne de l'une de ses œuvres antérieures, *Souvenirs de la maison des morts*, mais l'ivresse de la prise de risque, tout comme l'espoir fou de régler ses problèmes, sont les plus forts, le tout allié à une expiation qui l'autorise enfin à passer à l'acte d'écriture. Perdre tout et toucher le fond peut en effet agir comme un tremplin pour entrer dans une activité qui permette d'engranger quelque argent et de répondre ainsi à d'impérieux besoins. Mario Puzo, auteur d'un livre consacré à l'une des capitales mondiales du jeu, Las Vegas, écrivait ainsi : « Le jeu m'a forcé à écrire davantage pour payer mes dettes de jeu. » L'engrenage argent-jeu-argent est pervers en ce sens que le pécule autorise la poursuite de l'activité ludique, mais que, à la fin, le joueur est en manque, comme avec la drogue, surtout en manque d'argent.

Le jeu n'est pas d'emblée une addiction. Il a une fonction naturelle sociale de loisir, de plaisir et d'amusement, notamment chez les enfants, puis chez les adultes qui se réunissent pour jouer selon des règles précises et avec un enjeu financier suffisant pour donner du piment à l'action, mais en respectant les capacités de chacun. Ils peuvent perdre, dans les limites raisonnables qu'ils se sont fixées et selon leurs moyens. Tout autre est la ludopathie, dans laquelle se mêlent une pulsion irrépressible, une nécessité impérieuse, la dépendance, la recherche de la fièvre et de l'ivresse, le rêve et l'appel au destin ou à la chance.

On dit communément que les joueurs invétérés ne jouent pas pour gagner, mais pour perdre et qu'ils ne quittent pas la table avant d'avoir tout englouti. À quelles pulsions psychiques irrésistibles et profondes d'autodestruction obéit alors le malade du jeu ? Freud y a apporté une réponse dans son article intitulé « Dostoïevski et le parricide[1] ». Il met l'accent sur la conscience enfouie, ou plutôt l'inconscience, de culpabilité, ainsi que sur le besoin d'autopunition, prévalents chez les joueurs masculins, et décrit à l'origine de ces deux sentiments le complexe d'Œdipe et l'angoisse de castration. La culpabilité et l'identification au père conduisent à la nécessité d'autopunition présente chez le joueur : « Un grand besoin de punition s'institue alors dans le moi qui, pour une part, s'offre comme victime au destin, pour une autre part, trouve satisfaction dans le mauvais traitement infligé par le surmoi (conscience de culpabilité). [...] Le destin lui-même

---

1. S. Freud, *Résultats, idées, problèmes II*, Paris, PUF, 1985.

n'est en définitive qu'une projection ultérieure du père. » Chez Dostoïevski, souffrant d'attaques de mort, sous la forme de crises épileptiques, la pulsion de châtiment était d'autant plus forte que le fantasme de tuer le père était devenu réalité, puisque ce dernier avait été assassiné alors qu'il avait dix-huit ans. Chez le joueur, on retrouve ce triangle œdipien, avec, d'un côté, la séduction de la mère sur le mode d'appel à la chance qui fait gagner et, de l'autre, la punition infligée par le père devenu le destin qui conduit à la perte.

À la fin de son article, Freud s'appuie sur la nouvelle de Stefan Zweig, *Vingt-quatre heures de la vie d'une femme*, pour relier l'importance de l'activité gestuelle des mains à une table de jeu à la compulsion infantile de la masturbation : « Le "vice" de l'onanisme est remplacé par la passion du jeu ; l'accent mis sur l'activité passionnée des mains trahit cette dérivation. » Ainsi les rites manuels et digitaux des joueurs lançant les dés, distribuant et ramassant les jetons et les cartes, trouveraient-ils leur source dans l'autosatisfaction culpabilisante de la grande habitude impulsive de l'enfance et de l'adolescence.

La majorité des ludopathes n'ont pas conscience de l'origine psychologique de leur addiction. Ils mettent plutôt l'accent, s'ils se sentent atteints, sur leur asservissement et les conséquences désastreuses ou simplement néfastes de cet esclavage sur leur existence, tout en soulignant l'importance de leur rêve de fortune permanent et de l'ivresse ressentie, ainsi que leur fascination pour des lieux fermés au monde et au temps, comme des sanctuaires protégés de la réalité.

« J'aime passionnément jouer à huis clos, à la lumière électrique, sans notion de jour ni de nuit, explique Jean (quarante ans), ludopathe et heureux de l'être. Ma vie personnelle n'existe plus et je ne pense qu'à la boule qui, forcément, s'arrêtera sur la bonne couleur et le bon numéro puisque la richesse est à portée de main. Il n'y a aucune raison pour qu'elle m'échappe. C'est la même chose aux tables de poker où j'attends toujours fébrilement les cartes favorables. Lorsque je gagne, je me sens le maître du monde, le plus puissant parmi ceux qui sont autour de moi dans le cercle. Aucun plaisir n'est aussi intense, fût-ce celui du sexe. Si je perds, j'emprunte immédiatement autour de moi, pour miser à nouveau tant je suis persuadé que ma chance est en train de passer. »

« J'ai cessé de jouer il y a une dizaine d'années, lorsque j'ai du quitter la France précipitamment après avoir misé et englouti le patrimoine familial dans les casinos, raconte Raphaël, cinquante-huit ans. Pour régler mes créanciers les plus pressants, j'ai même pratiqué des escroqueries à l'assurance. Je suis revenu quelques années plus tard en m'étant fait radier légalement de toutes les tables publiques de jeu. Malheureusement, il m'arrive de m'engager dans des parties privées, car je reste incapable de résister à ce bonheur indicible. J'ai eu la chance de toucher un petit capital, donc j'ai les moyens d'affronter le destin. Je n'aime que me mettre en danger et je sais que le jeu a déjà ruiné mes deux foyers successifs. Mais c'est plus fort que moi. Maintenant, si je dévore ce qui m'a été donné une nouvelle fois, je jure que je me fais soigner. »

Écoutons aussi Roger, soixante-seize ans, ludopathe modeste, mais chronique : « J'ai toujours joué aux courses ; ma retraite y passe presque intégralement le jour où elle m'est versée. Je n'ai jamais eu de l'argent devant moi et cela m'est totalement indifférent. Je compte sur ma famille qui ne m'a jamais laissé tomber. De toute façon, je reste persuadé que le lendemain d'un jour de déveine, ce sera mon cheval qui gagnera. Et puis, le jeu, c'est mon seul plaisir dans l'existence. »

Alain, lui, est joueur de poker. « Chaque fois que je m'asseois à une table de poker, dit cet homme de quarante-sept ans, je joue ma vie plus que l'argent. Les sensations sont si fortes que j'ai enfin le sentiment d'exister en dehors d'un monde ennuyeux et méprisable. Mais attention, je ne suis pas un flambeur ; je joue pour gagner de l'argent et parfois, j'ai même bien vécu du jeu. Je calcule mes risques et mes chances ; je reste calme et sobre et j'essaie d'être le meilleur pour empocher ce que j'estime être une juste rémunération. Palper des gains en espèces et les dépenser, voilà la vraie récompense ! »

Jean, Raphaël, Roger et Alain sont des joueurs pathologiques, dépendants de ce qu'on appelle parfois un vice, mais qui ne se sentent pas malades et ne ressentent donc pas le besoin de se faire aider. Même en ayant tout perdu, en ayant pratiqué l'escroquerie, en s'étant sortis de situations inextricables par la délinquance, en ayant connu la tentation du suicide, ils mettent l'accent sur tous les bénéfices qu'ils croient tirer du jeu, la passion, la fièvre, l'ivresse, l'excitation, la sensation unique, la fuite des difficultés et... l'argent quand il survient.

Cependant, la ludopathie est considérée depuis 1980 comme une affection mentale et classée comme telle dans le *Manuel diagnostique et statistique des troubles mentaux* (*DSM*) parmi les troubles de l'impulsion, analogues par bien des aspects à ceux de la toxicomanie : impossibilité de résister à la pensée obsédante et à la compulsion, et nécessité d'engager toujours davantage pour ressentir le même état de frénésie et de plaisir qu'au début. Tous les jeux de hasard et d'argent peuvent conduire à cette forme de dépendance, qu'il s'agisse du bingo, des machines à sous, du back-gammon, des courses, des jeux de casino, de la loterie sportive, du poker...

Lorqu'il croit avoir touché le fond du gouffre, avoir laissé dans les jeux ses amitiés, ses amours, sa dignité et quelquefois son honnêteté, le ludopathe peut décider de mettre fin à ses pratiques. La première étape, s'il est esclave de la boule, du baccarat, du chemin de fer, de la roulette, consiste souvent à se faire interdire de casino, mais cela ne l'écarte pas de toutes les autres formes de jeux officiels ou de ceux qui se pratiquent dans des cercles privés, ou encore de ceux que proposent les casinos étrangers directement accessibles sur Internet. D'autres recours s'offrent à lui, comme pour les débiteurs compulsifs : la psychothérapie et la psychanalyse pour comprendre, raisonner et maîtriser l'impulsion mortifère ; le traitement de sevrage et d'arrêt total des pratiques ludiques grâce à une thérapie de groupe, telle qu'en proposent les réunions des *Gamblers anonymous*, ou Joueurs anonymes, fondés en 1950 à partir du réseau mondial des Alcooliques anonymes.

Comme en témoigne Maxime à l'issue d'une réunion des Joueurs anonymes : « Je suis venu ici car je ne voyais pas d'autre issue à l'exception du suicide. J'ai menti à tout le monde pendant vingt ans, j'ai abandonné ma famille et changé de pays, je me suis transformé en escroc et j'ai été emprisonné. Je suis interdit bancaire et je ne vis que d'activités professionnelles provisoires. L'existence est tellement dure que je préfère encore y échapper en me réfugiant dans des cercles de jeux, les seuls lieux où je vis à en mourir depuis l'âge de vingt-deux ans. J'imagine encore que je peux devenir riche. Aidez-moi, puisque vous êtes tous passés dans cet enfer. » Maxime s'engagera sur la longue voie du déconditionnement et, on l'espère, de la guérison, avec l'aide d'un parrain et d'un groupe chaleureux et bienveillant, qui permet de sortir de l'isolement, la technique étant toujours celle des douze étapes mise en place universellement dans l'organisation des Dépendants et Alcooliques anonymes.

Dans certains pays, tels que l'Allemagne et l'Espagne, où les machines à sous sont légalement installées dans les cafés et les bars, il semble que la ludopathie soit très répandue, de même qu'aux États-Unis, dans des États comme celui du Nevada, où le jeu est légalisé au point d'être devenu une industrie locale. Dans ces régions du monde, se sont créés des groupes de thérapie spécialisés qui combinent des traitements médicamenteux destinés à augmenter le niveau de la sérotonine (neurotransmetteur aidant au contrôle des impulsions), la collaboration avec les familles pour la gestion du budget et la participation à des réunions communautaires de psychothérapie.

Mais la résistance à la tentation est d'autant plus ardue pour un joueur, ou une joueuse, prédisposés à la ludopathie, que le « business » des jeux d'argent et de hasard se développe en exploitant un nouveau marché, celui des machines à sous ou « bandits manchots », facilement accessibles à toutes les populations, aux revenus plus ou moins modestes et de tous âges. En ce qui concerne la France, l'introduction de ces appareils dans les casinos autorisée en 1988, parallèlement à la possibilité offerte la même année à ces établissements de s'implanter dans les villes de plus de cinq cent mille habitants, a provoqué une impressionnante expansion de l'activité ludique traitée en tant que telle, avec publicité et marketing à l'appui. En témoigne le montant des encaissements des casinos français, qui est passé de deux milliards de francs en 1980 à douze milliards en 1999[1] !

Test : déterminez vos obsessions et vos impulsions face aux dépenses, à l'endettement et à l'anorexie financière

ÊTES-VOUS UN ACHETEUR COMPULSIF[2] ?

• Pensez-vous, ou les autres pensent-ils, que vous avez un problème avec les achats, que vous achetez trop souvent, ou que vous dépensez trop d'argent ?

❑ Oui
❑ Non

1. *Le Monde*, numéro daté du 10 avril 2000.
2. Autoquestionnaire portant sur les achats compulsifs, adapté de Christenson et coll. Traduction française du MIDI (Minnesota Impulsive Disorders Interview), publiée en annexe de La *Fièvre des achats* de Jean Adès et Michel Lejoyeux, Paris, Institut d'Édition Sanofi-Synthélabo, coll. « Les empêcheurs de penser en rond », 1999.

Si oui, pourquoi ?

• Vous arrive-t-il de ressentir un besoin irrésistible ou incontrôlable d'acheter des objets, ou ressentez-vous une tension croissante qui ne peut être apaisée que par un achat ?

❑ Oui
❑ Non

Si oui, ces besoins ou ces pensées sur les achats s'imposent-ils à votre esprit de manière intrusive ?

❑ Oui
❑ Non

Si oui, essayez-vous de résister à ces besoins ou à ces pensées ?

❑ Oui
❑ Non

• Les achats sont-ils suivis d'une diminution de la tension ou d'une impression, même transitoire, de plaisir ou de satisfaction ?

❑ Oui
❑ Non

• Les achats « à problème » ont-ils provoqué des difficultés sociales, conjugales, familiales, financières, professionnelles, ou vous ont-ils fait subir un préjudice marqué ?

❑ Oui
❑ Non

Si oui, dans lequel de ces domaines les achats ont-ils provoqué des difficultés ?

- Social
- Conjugal
- Familial
- Financier
- Professionnel
- Personnel
- Autres

Comment les achats ont-ils modifié ces domaines ?

Si vous répondez oui à trois questions principales sur quatre de ce questionnaire, vous pouvez vous considérer comme un acheteur compulsif et faire un inventaire personnel, par les sous-questions, des préjudices qu'ont entraîné dans votre vie cette intense dépendance.

VOS IMPULSIONS DE DÉPENSES VOUS ONT-ELLES CONDUIT À UN ENDETTEMENT INSUPPORTABLE ?

• Empruntez-vous systématiquement de l'argent, même quand vous n'en avez pas un besoin urgent et que vous savez que vous ne pourrez pas rembourser, juste pour vous rassurer et avoir des fonds disponibles pour des dépenses impulsives ?

• Éprouvez-vous le besoin de faire des cadeaux onéreux, d'inviter les autres somptueusement, bien au-delà de vos capacités financières, pour vous en faire aimer et pour les impressionner ? Vous endettez-vous pour satisfaire ce qui vous paraît une nécessité de générosité ?

• Êtes-vous capable d'épargner une fraction de ce que vous gagnez, ou dépensez-vous davantage que ce que vous percevez comme revenus, sans compter, dans une insouciance apparente et dans le vague en ce qui concerne votre situation financière réelle ?

• Pensez-vous que vos problèmes avec l'argent viennent essentiellement des autres et attendez-vous qu'ils vous sauvent financièrement ? Pour cela, vous mettez-vous en danger inconsciemment ?

• Malgré un passif personnel déjà important, que vous ne pouvez assumer, avez-vous incessamment recours aux découverts, aux crédits *revolving*, aux amis pour combler votre irrépressible besoin de dépenses, car vous savez que vos impulsions d'achat surgissent inopinément lorsque vous êtes déprimé, isolé, dans l'ennui et le vide affectif ?

• Avez-vous la phobie des courriers bancaires et des appels téléphoniques des établissements financiers ?

• Avez-vous été tenté par, ou avez-vous pratiqué la cavalerie, voire des escroqueries, pour essayer de vous sortir en apparence et provisoirement de positions d'endettement impossibles à résoudre selon vous dans la légalité ?

• Ne parvenez-vous pas à vous faire rémunérer à votre valeur et estimez-vous qu'on vous propose toujours des activités salariées, ou honoraires, sous-payées et indignes de vous ? Dans ce cas, préférez-vous vous endetter plutôt que d'accepter une rétribution permettant d'équilibrer progressivement vos recettes et vos dépenses ?

Une réponse positive à la majorité des questions posées, soit cinq sur huit, démontre que vous préférez vivre dans l'anxiété et les dangers de l'endettement plutôt que de tenter de contrôler votre vie financière. Il est opportun et peut-être urgent pour vous d'entamer une thérapie.

ÊTES-VOUS UN CODÉPENDANT AFFECTIF-FINANCIER ?

- Réglez-vous les factures et les dettes de votre partenaire ?
- Vous arrive-t-il d'avoir recours vous-même à l'emprunt pour couvrir ses échéances ?
- Le laissez-vous utiliser vos propres cartes de crédit pour mener le train de vie qu'il suppose mériter ?
- Assumez-vous l'intégralité des dépenses du foyer en espérant illusoirement qu'il pourra un jour y participer, conformément aux promesses qu'il ne cesse de faire ?
- Dissimulez-vous sa conduite irresponsable à votre entourage et au sien ?

Une réponse positive à l'essentiel des questions ci-dessus révèle votre intense dépendance affective à l'égard de celui ou de celle qui partage votre vie. Vous allez jusqu'à faire vôtres ses problèmes avec l'argent, même si leur origine est antérieure à votre rencontre. Vous préférez mener une existence personnelle financièrement angoissante et dangereuse plutôt que de courir le risque d'une rupture, car l'idée de l'abandon et de la solitude réveille en vous de vieux démons. Vous jouez le rôle du sauveur monétaire pour votre compagnon en espérant vous l'attacher à vie. Prenez progressivement conscience de ce qu'on ne peut pas lier indéfiniment à soi un être humain, fût-ce par des chèques, et qu'il serait préférable de l'aider à comprendre et résoudre au fond sa névrose financière pour qu'il l'affronte en adulte et non plus en enfant immature. C'est sa pathologie et non pas la vôtre.

Les débiteurs excessifs vivent en enfer, ils en témoignent tous, dans l'angoisse permanente et l'obsession de trouver toujours et encore de l'argent pour combler leur soif d'achats ou leur appétit de train de vie. Souvent interdits bancaires, privés de moyens de paiement, ils doivent régler leurs dépenses en espèces et leur existence quotidienne est infiniment difficile et exténuante.

Après s'être apaisés dans l'instant en saisissant un objet ou en consommant à grand train, ils sont repris dans l'heure suivante par le même manque que précédemment, avec un endettement encore accru du fait de leur conduite. Afin de rompre ce cycle démoniaque, il est souhaitable de s'arrêter un moment, de se poser dans un environnement rassurant et non créancier, de faire face à la réalité en prenant progressivement des mesures concrètes pour payer ses dettes – avec l'aide d'autrui – et de réfléchir parallèlement aux événements et aux situations affectives, notamment dans l'enfance, qui ont abouti à cette névrose invivable. Comme dans l'acte de kleptomanie, la dépense et la consommation excessives sont des moyens utilisés par l'adolescent et l'adulte pour compenser et se consoler d'un déficit d'amour, de non-reconnaissance parentale et de traumatismes vécus dans la prime enfance.

Test : êtes-vous ludopathe ?

Le questionnaire ci-dessous est celui des Joueurs anonymes. Il vous permettra de prendre conscience d'une ludopathie avérée, comme si vous assistiez pour la première fois à une réunion.

1. Vous êtes-vous déjà absenté de votre lieu de travail pour aller jouer ?
2. Le jeu a-t-il rendu malheureuse votre vie familiale ?
3. Le jeu a-t-il nui à votre réputation ?
4. Avez-vous ressenti des remords et de la culpabilité après avoir joué ?
5. Avez-vous déjà joué dans le but de gagner de l'argent destiné à payer vos dettes et résoudre vos problèmes financiers ?
6. Le jeu vous a-t-il conduit à réduire vos ambitions et a-t-il diminué votre efficacité ?
7. Après avoir perdu, avez-vous ressenti le besoin impérieux de jouer à nouveau dès que possible et de regagner vos pertes, c'est-à-dire de vous « refaire » ?
8. Après avoir gagné, avez-vous éprouvé la nécessité compulsive de retourner sur le même lieu de jeu et de gagner encore davantage ?
9. Jouez-vous souvent jusqu'à ce que vous n'ayez plus un franc à miser ?

10. Avez-vous déjà emprunté de l'argent pour financer votre jeu ?
11. Avez-vous déjà vendu des biens pour pouvoir jouer ?
12. Êtes-vous réticent à utiliser des gains de jeu pour vos dépenses courantes ?
13. Le jeu vous conduit-il à prendre moins de soin de vous-même ou de votre famille ?
14. Avez-vous déjà joué plus longtemps que vous ne l'aviez prévu ?
15. Avez-vous déjà joué pour fuir les ennuis et les difficultés ?
16. Avez-vous déjà commis, ou vous a-t-on considéré comme ayant commis des actions illégales pour financer le jeu ?
17. Le fait de jouer entraîne-t-il pour vous des troubles du sommeil ?
18. Des déceptions, des contrariétés, des frustrations vous conduisent-elles à jouer ?
19. Éprouvez-vous le besoin irrésistible de fêter un heureux événement par quelques heures de jeu ?
20. Considérez-vous votre sentiment éventuel d'autodestruction comme la conséquence de vos activités ludiques ?

Selon le groupe des Joueurs anonymes, une réponse positive à sept au moins de ces questions permet de poser un diagnostic de ludopathe, car elles représentent une combinaison de facteurs de prédisposition. Faire face à cette réalité n'est certainement pas agréable, mais engage sur le chemin du soin et de l'aide réciproque.

Il existe un autre questionnaire d'aide au diagnostic de ludopathie, le *South Oaks Gambling*

Screen, dont les interrogations recoupent souvent celles des Joueurs anonymes. Sont reproduites ci-dessous certaines questions différentes avec leurs variantes, qui permettent d'affiner la gravité de la dépendance au jeu :

1. Pendant la dernière année, combien de fois avez-vous joué ou parié de l'argent ? [Dix formes de jeux sont répertoriées, avec les cotations « jamais », « moins d'une fois par semaine », « une fois ou plus par semaine ».]
2. Quelle est la plus grosse somme que vous ayez perdue lors d'une journée en jouant ou en pariant ?
3. L'un ou l'autre de vos parents avait-il un problème avec le jeu ?
4. Avez-vous dissimulé des billets de loterie, de l'argent du jeu et d'autres signes de jeu à votre conjoint et aux membres de votre famille ?

Vos réponses ne seront que personnelles, mais si vous les fournissez honnêtement, sans doute vous aideront-elles à prendre conscience d'habitudes avant qu'elles ne se transforment en maladie. À moins que la pathologie ne soit déjà installée... Dans ce cas, il est temps de la combattre grâce à une ou plusieurs des techniques thérapeutiques disponibles.

CHAPITRE IV

Affaires d'héritage

« Ce que tu as hérité de tes pères, acquiers-le pour le posséder. »

GOETHE

« Les hommes oublient plutôt la mort de leur père que la perte de leur patrimoine. »

MACHIAVEL

Le mot « patrimoine » vient étymologiquement du latin *pater*, « père ». C'est ce que transmet traditionnellement le père à ses descendants, ce qu'ils héritent de la lignée patriarcale. Cet héritage comprend les possessions matérielles signifiées par la loi et le testament, mais également le patrimoine génétique, la généalogie, une histoire sociale et culturelle et des secrets de famille – les fameux « cadavres dans le placard » – que nous communiquerons à notre tour à la postérité.

La passation patrimoniale se trouve symbolisée dans l'habitude ancestrale d'inscrire sur les billets ou les écus des noms ou des images masculines célèbres et puissantes, des rois de France, des chefs d'État, des empereurs, des grands hommes, Richelieu, Cézanne, Debussy, Saint-Exupéry, etc. En France, la liaison argent-transmission-image paternelle est si forte que le geste de détruire ou brûler publiquement des billets de banque a une valeur allégorique de parricide. On se souvient du tollé soulevé en 1984 par Serge Gainsbourg qui, par provocation, devant les caméras de télévision, avait brûlé un billet de cinq cents francs...

Avant de décider de conserver, faire fructifier ou dilapider une succession, beaucoup en rêvent et l'attendent, en considérant que c'est leur dû, même s'ils lient leur destin à un événement aussi indépendant de la volonté humaine que la mort. Cet espoir d'héritage est rattaché à la notion de dette de vie et à celle de dette de disparition.

Dès notre naissance, en effet, nous sommes symboliquement en position débitrice. Nous sommes d'abord condamnés à la fin de notre existence, comme l'avait écrit Shakespeare dans *Hamlet* : « Tu dois une mort à Dieu » (*thou owest God a death*). « Gagner sa vie », faire de l'argent est un des moyens inventés par l'homme pour tenir la mort à distance et repousser l'échéance terrifiante en espérant en fin de compte acquérir l'immortalité.

Sur l'autre versant, nous devons la vie, dans ses aspects positifs et négatifs, à nos parents et cette obligation semble parfois lourde à porter. Cette dette s'accompagne de reconnaissance et d'affection, mais également de ressentiment : « Je n'ai pas demandé à naître », dit-on fréquemment. Les mots cachent une demande fortement revendicative de prise en charge de la part des ascendants, ou de leurs substituts, de versement de subventions permanentes et de transmission de patrimoine.

Mais les histoires d'héritage sont autant heureuses – par la chance soudaine de pouvoir infléchir le cours de sa vie – que dramatiques et entraînent plus souvent des discordes profondes que de la cohésion entre les membres d'une même famille. À l'ouverture des testaments, on assiste parfois à des scissions violentes entre époux survivants, frères, sœurs, neveux, cousins et autres héritiers présumés. Déception, frustration, sentiment d'injustice... l'argent reçu ou qui échappe ravive des tensions ou des haines pré-existantes.

C'est ce que constatent tristement les notaires, dans les offices desquels, à l'instar des cabinets de psychothérapie, on parle d'amour, de sexe, de mort et de fortune, avec un effroi cependant plus marqué lorsqu'il s'agit de prévoir matériellement sa propre disparition.

Quand l'argent est transmis sous forme d'héritage

Gagner sa vie est sans doute faisable pour tout un chacun, mais il est vrai que l'argent acquis par héritage donne une réelle chance à ceux qui en bénéficient, quel que soit leur âge, ainsi qu'une force morale provenant d'une double certitude, celle d'avoir été aimé et reconnu, et celle d'appartenir à une lignée.

Dans certaines civilisations antiques, l'héritage

était interdit et les descendants devaient construire leur vie par eux-mêmes. On n'en est plus là, mais les successions se situent dans un contexte sociologique et législatif, tout en dépendant de la philosophie personnelle des êtres humains à l'égard des transmissions de patrimoine.

En dehors de l'hérédité purement morale, qui consiste à laisser une trace de son passage dans la cité, il faut rappeler que dans les sociétés aristocratiques ou terriennes, les propriétaires des domaines n'en étaient que les gestionnaires et les dépositaires et qu'ils se devaient d'en assurer la passation aux générations futures après les avoir développées.

Bon nombre de personnes ont adopté ce système de valeurs et considèrent qu'ils sont garants et gérants du patrimoine reçu ou acquis, fonctions qui s'accompagnent de l'obligation de le faire fructifier pour le communiquer aux descendants. Le temps et l'argent sont ici intimement liés, la jouissance et le plaisir présents étant ainsi sacrifiés au profit de la sécurité et de la pérennité de la famille, ou du clan, dans un futur lointain. On diffère le bien-être personnel et immédiat pour privilégier celui des autres, surtout si cette fortune provient du travail accumulé par les ancêtres, méritant à ce titre le respect et la conservation. C'est un choix de vie temporel qui représente la croyance en l'avenir. De même que certains préparent leur retraite, certains élaborent leur succession.

La nature humaine étant essentiellement diverse dans son attitude à l'égard de la richesse, on rencontre également des êtres qui ont une conception opposée à l'égard du patrimoine, surtout lorsqu'ils l'ont produit par leur travail personnel. Considérant que leurs descendants n'ont qu'à répéter cette performance de *self made men*, ils se déclarent « contre l'héritage », ajoutant que s'il reste quelque chose à leur décès, les enfants pourront se le partager. Entre-temps, ils assurent l'éducation et une aide substantielle à ces derniers au début de leur vie d'adultes, par l'achat d'appartements, le financement d'études supérieures et l'investissement dans la création d'entreprises, ou encore par des donations, dont le plafond défiscalisé a été fixé par la loi française à trois cent mille francs tous les dix ans. Les faire bénéficier de successions trop importantes serait à leurs yeux les maintenir dans un état infantile et leur rendre un mauvais service.

> « Il n'y a qu'une vraie richesse : celle dont on hérite. Gagner de l'argent est à la portée de n'importe qui. »
>
> Michel MOHRT

Il est souvent dit que la vérité sur l'héritage éclate au cimetière. En fait, elle surgit bien avant et les notaires, qui connaissent l'intimité de leurs clients, la savent avant tout le monde. Ils sont en contact avec le détenteur de la fortune familiale lorsqu'il prend des dispositions testamentaires de son vivant ; il leur arrive aussi de devoir conseiller aux futurs héritiers une mise sous tutelle d'ascendants prodigues ou en état d'incapacité de gérer leurs biens, sans toutefois prendre parti, car il s'agit là de procédures judiciaires lourdes et douloureuses pour tous, que beaucoup refusent par respect et par souci de maintenir l'unité familiale, même s'ils ont la certitude d'être lésés dans l'avenir.

Dans les ouvertures de successions habituelles, les intervenants sont nombreux. Outre les notaires, il faut compter avec les experts, les commissaires-priseurs, les banquiers, les gestionnaires de patrimoines, les courtiers... et les serruriers qui procèdent à l'ouverture des coffres où est parfois dissimulé un véritable trésor. Toutes ces personnes se penchent sur les avoirs du défunt et touchent à l'argent, directement ou indirectement, dans l'intérêt des ayants droit et de l'État. À celles-ci s'ajoutent les sociétés de recherches généalogiques, encore peu nombreuses, mais hautement spécialisées dans la découverte d'héritiers non connus, puisqu'une succession ne peut être ouverte et encore moins réglée aussi longtemps qu'il existe un ayant cause supposé et non dénommé ; les notaires leur délèguent donc parfois les enquêtes et la bonne exécution des héritages sur lesquels ils ont des interrogations.

Histoires d'héritages, roses ou noires

Charles Trenet chantait que dans les successions, on se partage l'armoire normande et la bouteille d'Évian. Du rire aux larmes, tout existe en effet pour dissimuler d'autres passions très anciennes, ou plus simplement l'avidité humaine, qui peut être sans limites. Certains héritages révèlent des situations inattendues sous forme de pirouettes, qu'elles aient été, ou non, organisées par le défunt. C'est ce qui peut se passer de plus heureux ou de plus humoristique dans les cas de disparition... En voici quelques exemples.

Un homme de soixante-dix-sept ans épouse une jeune femme de vingt-cinq ans, avec un enfant mineur. Pour échapper au fisc, il dépose ses valeurs, ses bons de caisse et son or dans un coffre ouvert au nom de son épouse. Celle-ci décède brutalement d'un accident de voiture et, à la surprise générale, c'est son fils qui hérite tout le contenu du coffre, puisque la femme n'avait pris aucune disposition en faveur de son mari. C'est là une histoire exemplaire d'« époux beau comme Crésus » ou de « tel est pris qui croyait prendre ».

Une dame âgée disparaît sans enfants. Elle avait dit à son notaire : « J'ai douze neveux et nièces, mais j'en déteste neuf, et puis, je fais un testament et j'aime bien les vieux meubles à secret. » À son décès, personne ne trouve de testament... jusqu'au moment où l'œil du notaire est attiré, lors de l'inventaire dans l'appartement, par une ancienne table de jeu du XVIIIe siècle. Dans un tiroir, en la retournant, on trouve alors le fameux testament, ce qui oblige à faire sortir de la pièce neuf personnes défavorisées et ivres de fureur. Voilà le joli adieu de quelqu'un qui souhaitait dire à certains : « Je vous aime » et à d'autres : « Je ne vous reconnais pas comme miens. »

Un vieux monsieur célibataire, fort avare, rend régulièrement visite à son notaire pour rédiger son testament, qu'il modifie fréquemment au profit de deux sœurs, de ses neveux et d'une gouvernante infirmière qu'il a toujours refusé d'épouser malgré ses demandes pressantes. Il confie au notaire qu'il n'a pas fait figurer son or dans le document officiel, mais qu'il l'a soigneusement « caché en bas » et qu'il appartiendra à ses héritiers de le découvrir. À son décès, tous les participants, qui ont eu vent de l'existence des précieuses pièces jaunes, se précipitent dans la cave, les sous-sols et tous les lieux souterrains et obscurs de la maison en organisant une véritable chasse au trésor, armés de chandelles et de lampes de poche, dans des scènes théâtrales de recherche fébrile. Malgré l'aide professionnelle d'un détecteur de métaux, appelé comme dernier recours, l'or n'a jamais été retrouvé, au grand désespoir des proches intéressés, qui se lançaient des regards soupçonneux et franchement haineux. Tout laisse à penser que l'un d'eux avait reçu une confidence plus précise et s'était approprié antérieurement et sans vergogne les espèces trébuchantes et bénies. Ce défunt, qui n'est pas sans rappeler un autre célèbre avare, l'Harpagon de Molière, peut se vanter sous d'autres cieux d'avoir suscité une drôle de tragi-comédie chez ses héritiers, si pressés de découvrir en se bousculant ce qui représentait la fortune, donc la chance.

Un homme d'un certain âge, remarié avec une plus jeune femme, prend des dispositions en faveur de celle-ci et lui lègue notamment une propriété à la campagne en indiquant verbalement au notaire que son épouse doit prendre un soin tout particulier du prunier qu'il y a fait planter. À sa disparition, la dame reçoit le domaine comme prévu et tourne autour du prunier pendant plusieurs mois. Puis elle se décide à faire creuser sous l'arbre et déterre des valeurs et de l'or que son mari avait accumulés jour après jour et enfouis en grande quantité, précautionneusement, pour la protéger des autres ayants droit et la favoriser. Il est assez habituel que les hommes entassent secrètement, au cours des années, des espèces et des titres négociables dans des enveloppes et des boîtes en tout genre, qu'ils dissimulent sous des matelas, dans des caves, ou qu'ils enterrent, dans un souci de sécurité et de thésaurisation. Dans le meilleur des cas, ils laissent un indice permettant aux héritiers de les récupérer, sous l'apparence d'un jeu de pistes ou d'un rébus, mais il arrive qu'ils préfèrent, par esprit de vengeance ou pour régler des comptes, emporter leur secret de richesse dans la tombe.

Malheureusement, les récits liés aux héritages n'ont pas toujours une teinte rose et fantasque, car l'odeur de l'argent, mêlée à celle du décès imminent, réveille les peurs anciennes du manque, les conflits familiaux et le désir de posséder à son tour, ici et maintenant, dans une urgence tristement développée quelquefois par l'impression d'avoir trop attendu. Ainsi William et Lucie. Ils viennent consulter un psychothérapeute en couple, à l'initiative du mari qui s'inquiète du mutisme total de Lucie et de son apathie depuis plusieurs semaines. Il l'attribue au bouleversement de sa femme face à l'hospitalisation de sa mère pour un cancer en phase terminale dont l'issue prochaine ne laisse aucun espoir. Peu à peu, au cours de plusieurs séances successives, Lucie reprend la parole. Elle est l'aînée d'une fratrie de trois et se considère comme la mal-aimée de la famille. Il s'avère qu'elle est en état de choc depuis qu'elle se rend au chevet de sa mère, car elle est persuadée que celle-ci a pris des mesures pour la déshériter au profit de son frère et de sa sœur qu'elle déteste depuis l'enfance, comme s'ils avaient capté par avance la fortune maternelle après avoir attiré sur eux tout l'amour parental.

Il y a chez Lucie une telle douleur d'avoir été privée d'attention maternelle que l'approche de la disparition a ravivé les haines infantiles. Comme dans de nombreux cas, cette patiente amalgame l'absence d'argent transmis aux carences affectives douloureuses. Puisqu'elle est persuadée que sa mère ne l'a jamais aimée, elle est convaincue qu'elle sera encore défavorisée dans un héritage prochain et c'est ce qui l'a conduite à se réfugier dans la passivité et le silence absolu. Sans doute la verbalisation de la terreur la remettra-t-elle dans la réalité de la succession, car il n'est pas légalement aisé de déshériter un enfant au profit d'autres.

L'impatience de percevoir des biens conduit certains proches à abandonner toute retenue au chevet d'un grand malade, révélant une cupidité toute-puissante. C'est ainsi qu'un médecin généraliste a noté avec regret que le marqueur de la phase terminale d'une affection irrémédiable était le moment où les membres de la famille se mettaient à parler d'argent au-dessus du lit et à se partager entre eux les meubles, les tapis et l'argenterie du mourant, alors même qu'il peut entendre encore...

L'attrait pour la possession et le désir d'accaparer à tout prix un héritage est simplement révélateur d'un grave problème avec l'argent, qui fait placer cette valeur au-dessus de toute autre, sans distance ni souci d'équité ou d'échange.

Les différentes manières de recevoir un don ou un héritage

Il faut une grande force subjective pour recevoir un don ou un héritage et peu de gens sont à la hauteur de la fortune qui leur échoit. Chacun réagit à la mesure de la valeur qu'il attribue généralement à la richesse.

La parabole des talents nous l'a montré il y a fort longtemps. « C'est un homme qui part au loin : il appelle ses propres serviteurs et il leur remet ses biens. [...] À l'un, il donne cinq talents[1], à un autre, deux, à un autre, un : à chacun selon la propre force. [...] Aussitôt, celui qui a reçu les cinq talents va œuvrer avec : il gagne cinq autres. De même celui des deux : il gagne deux autres. Celui qui a reçu un seul s'en va, fore la terre et cache l'argent de son maître. » (Mathieu, 25).

Le premier et le deuxième serviteurs s'approprient ce qui leur est transmis et le font fructifier à proportions égales. Ils égalent maintenant leur maître, comme un héritier se trouverait gestionnaire, pour lui et pour les générations futures, de biens légués par un ancêtre ou un père donateur, à charge pour lui de les développer dans le respect du bienfaiteur.

Le dernier serviteur ne croit pas au don, soit qu'il ne s'en trouve pas digne, soit qu'il ne sache com-

1. Un talent valait six mille drachmes ou deniers. Un denier étant le salaire journalier d'un ouvrier, d'un serviteur ou d'un soldat, un talent représenterait dix-sept années d'un tel salaire, ce qui corrobore l'importance des dons faits par le maître.

ment l'utiliser ; donc, il l'enterre pour le cacher, le dissimuler aux yeux d'autrui, et peut-être le retrouver pour son usage exclusivement personnel dans les jours de disette. Il a l'attitude de l'avare précautionneux qui entasse dans la terre sans penser à faire croître ce qu'il a reçu.

Une extension symbolique de cette histoire se retrouve dans les leçons de morale chrétienne, où il est dit aux enfants et aux adultes : « Vous avez reçu des talents de Dieu et il vous appartient de les développer par vous-même, car Dieu vous en demandera compte au jour du jugement dernier », comme si l'on ne pouvait pas bénéficier d'un don pour soi, pour son bien-être, sans avoir à le multiplier. Mais nous sommes tous les héritiers de cette éthique ancestrale et nous culpabilisons dans certains cas de ne pas savoir faire grandir ces talents, au double sens du terme, prisonniers que nous restons de l'image d'un père justicier et vengeur.

> « Jeune, on conserve pour sa vieillesse ; vieux, on épargne pour la mort. L'héritier prodigue paye de superbes funérailles, et dévore le reste. »
>
> LA BRUYÈRE

Le prodigue ne sait que faire de l'héritage ; il le dévore et le « croque » aussi rapidement que son plaisir l'exige dans le présent, comme le fils prodigue de l'Évangile, se libérant ainsi du père. D'autres refusent la transmission, comme saint François d'Assise, afin de se purifier de la matérialité des choses du monde terrestre pour accéder directement au divin. D'autres encore jouissent des legs des ancêtres, jusqu'à leur disparition totale, pour que rien ne les rattache plus aux ascendants. Et certains sont tellement frappés d'étonnement à l'annonce de la transmission paternelle qu'ils la dissimulent comme le troisième serviteur de la parabole et s'enferment dans une modestie de vie que rien ne justifie, sauf la peur de manquer.

Ainsi Ghislaine. Elle hérite à l'adolescence d'un père émigré des pays de l'Est, autodidacte, dont elle ne mesurait pas l'étendue de la fortune. À l'ouverture de la succession, elle découvre avec stupeur que son parent était riche et qu'elle peut se considérer à l'abri et en sécurité pour le restant de sa vie. En même temps, elle se sent comme dépossédée et appauvrie d'un père dont l'amour ne pourra jamais être mesuré ni remplacé à l'aune de l'argent. Ghislaine fait des études brillantes et embrasse une carrière libérale qui lui permet de vivre de ses revenus professionnels, mais, parallèlement, elle ne s'autorise jamais aucun prélèvement sur le capital hérité, ni pour elle, ni pour ses enfants. Elle capitalise pour un avenir incertain et lointain, et admet volontiers qu'elle vit dans une certaine rétention monétaire, dont toute jouissance personnelle est absente.

Qu'on soit dans la prodigalité, dans une prudence excessive, ou dans le souci extrême de transmettre aux enfants beaucoup plus que ce qu'on a soi-même hérité, il apparaît très ardu de recevoir avec bonheur et quiétude ce que donnent les pères ou les bienfaiteurs, sauf à réfléchir et à découvrir ce que l'on souhaite de l'existence et le prix que l'on est prêt à payer pour l'obtenir. Comme disent les Anglo-

Saxons, « prenez ce que vous voulez de la vie et payez-en le prix » (*take what you want from life and pay for it*)...

La transmission d'un patrimoine

La transmission du patrimoine signe la reconnaissance d'appartenance à un groupe familial, à un clan ou à une lignée. En transférant des biens par héritage ou legs, le donateur met le bénéficiaire à la place qu'il estime lui être due et lui assigne un nom et une identité. Outre la spoliation matérielle, il est donc particulièrement douloureux sur le plan des sentiments d'être déshérité ou écarté d'un testament, ou de recevoir moins qu'un autre membre de la famille. Si tel est le cas, on est persuadé d'avoir une valeur moindre et de ne pas avoir été reconnu, ce qui est vécu comme un déficit d'amour.

Il existe ainsi une correspondance étroite entre l'affection ressentie de la part des siens et le patrimoine donné. Le partage de l'amour, avec ses inégalités parentales, se retrouve dans les contentieux financiers entre frères et sœurs à l'ouverture des successions, source de violents conflits qu'il est parfois nécessaire de porter devant les tribunaux.

Il peut y avoir entrée dans la dépression si l'on croit avoir bénéficié par héritage de sommes inférieures à celles qui auraient dû nous échoir dans notre imaginaire, ou si l'on a perdu par partage ou vente une maison de famille détentrice de l'unité familiale et de l'histoire transgénérationnelle. Geneviève, quarante-neuf ans, divorcée sans enfants, consulte pour une profonde dépression qu'elle impute à une relation amoureuse difficile et tumultueuse. À l'écoute de son histoire familiale, est révélée la véritable origine de son symptôme dépressif, qui remonte à quatre ans : à cette époque, selon le principe juridique français qui stipule que « nul n'est tenu de rester dans l'indivision », elle avait été contrainte de vendre, à la demande de cohéritiers, la maison d'enfance où elle avait été élevée, renfermant les souvenirs généalogiques essentiels pour elle. À partir du moment où elle n'a plus disposé de ce territoire, elle a eu l'impression d'avoir perdu toutes ses racines, ainsi que son identité, et de ne plus appartenir à aucune lignée.

On voit que le gain financier n'est pas tout dans l'héritage. La valeur symbolique d'un bien ou d'un objet porteurs d'une mémoire a tout autant de prix pour celui qui en bénéficie ou, *a contrario*, qui en est dessaisi, même avec une contrepartie monétaire. C'est ainsi que dans les partages mobiliers entre membres d'une fratrie, fût-ce dans la cohésion, l'un peut se sentir frustré si tel objet auquel il attachait une valeur sentimentale intense est attribué à l'autre. L'affect se situant au niveau du symbolique et ne pouvant se mesurer, il est sage de s'en remettre à la valorisation d'un expert, tiers arbitre neutre et non impliqué, pour une aussi juste répartition que possible entre les héritiers. Sauf accord amiable entre eux, le seul étalonnage possible redevient pécuniaire.

Enfin, le sentiment de plénitude ressenti par l'assignation d'une place identifiée dans une famille est gravement entamé lorsqu'au règlement d'une succession, on découvre que le défunt avait un deuxième foyer avec des enfants adultérins, qui ont droit à une part de l'héritage global. La souffrance des membres du groupe légitime peut provenir de l'obligation de recevoir un patrimoine amoindri, mais trouve sa source essentielle dans la révélation des trahisons, mensonges et tromperies du défunt, dont l'affection était trop largement dispersée.

Dans une transmission patrimoniale, il importe de se rappeler qu'on hérite non seulement des actifs, mais aussi des engagements et des dettes du défunt. Il est toujours possible de refuser une succession après avoir pris connaissance des éléments qui la composent.

Le prix de la douleur

La vie, comme la mort, n'a pas de prix. Cependant, on fixe quotidiennement et légalement, au moins en Occident, la valeur d'un préjudice subi, d'une infirmité, d'un organe disparu, d'un dommage physique ou corporel. C'est le *pretium doloris* d'origine latine, le prix de la douleur et celui des larmes.

La disparition d'un être proche et justement cher donne lieu à l'évaluation, arbitrale ou judiciaire, du chagrin de ceux qui restent, même si la traduction financière de la mort peut choquer et paraître scandaleuse. Faute de mieux, la souffrance morale des proches vivants est convertie en argent.

Cette indemnité est supposée réparer la perte et l'absence définitive, apporter gratification et satisfaction en ayant trouvé un responsable du malheur et permettre à la famille de clôturer un chapitre et de commencer le deuil.

En France, jusqu'en 1962, le Conseil d'État édictait que la mort était inestimable et qu'en conséquence, les proches d'un disparu ne devaient rien recevoir. Depuis lors, il a admis le principe de l'évaluation. Dans d'autres pays, tels les États-Unis, les évaluations du prix de la mort sont communément pratiquées et donnent lieu à des tractations qui peuvent être jugées sordides. On l'a récemment vu avec la disparition, en 1999, de John Kennedy Jr. aux commandes de son avion privé, en compagnie de son épouse et de sa belle-sœur. Le clan Kennedy a proposé à la mère des deux jeunes femmes décédées l'équivalent de quelque trente-cinq millions de francs à titre compensatoire, mais celle-ci réclame plus de cent soixante-cinq millions de francs pour prix de la douleur légitime et infinie d'avoir perdu ses deux filles. Les médias ne se sont pas privés à ce sujet de sussurrer que dans cette requête, entrait en outre le chiffrage du préjudice causé par le fait que l'essentiel de l'héritage du défunt revenait à sa sœur, Caroline Kennedy, et non à sa belle-famille Freeman-Bessette.

Si les montants ne sont pas toujours aussi élevés, il n'en reste pas moins que les hommes n'ont pu trouver un autre étalon que l'argent face à leur impuissance devant une mort inéluctable. C'est ce que traduisent l'héritage et les indemnités versées pour faire taire le chagrin.

DEUXIÈME PARTIE

La finance et vous : peut-on devenir riche aujourd'hui ?

« Les affaires ? C'est bien simple, c'est l'argent des autres. »

Alexandre Dumas Fils

L'argent est aujourd'hui la mesure de toute chose, de toute valeur, de tout échange. Son pouvoir est anonyme et s'abrite derrière les termes dont nous sommes gorgés quotidiennement : mondialisation, globalisation, nouvelle économie, concurrence sauvage, conquête de marchés par certains oligopoles, accès privé et direct à la finance par Internet, mutations du travail, etc. Nous sommes tous concernés par ce contexte innovant – sauf à vivre en ermites –, que nous y soyons des acteurs actifs, ou que nous le subissions en ayant le sentiment d'en être les victimes.

L'évolution économique et sociale, liée à la politique internationale, qui nous a conduits sur ce terrain omniprésent de la finance, n'est pas linéaire depuis la fin de la Seconde Guerre mondiale. Les trois décennies dites des Trente Glorieuses, s'étendant en gros de 1946 au début des années 1970, sont marquées par la reconstruction, la croissance, la prospérité et le développement de la consommation. C'est le marché de la production et de l'offre. Le capitalisme n'est pas encore sauvage, car il se doit de conserver un aspect attrayant face au poids de l'Europe de l'Est, afin de prouver la suprématie des systèmes démocratiques occidentaux.

Les années 1970, en raison de deux crises pétrolières successives, marquent l'arrêt de la progression, dans un contexte de crise, de montée du chômage et d'environnement mondial économique maussade. L'État n'est plus guère Providence. Il s'agit alors de réinventer progressivement – et ce sera fait avec succès – un certain libéralisme économique assorti d'un discours social prometteur et rassurant, arguant du fait que l'application de cette doctrine est le meilleur remède contre le chômage. Elle marquera les années 1980 dans un contexte d'internationalisation des échanges, de concurrence délibérée et de liberté du travail. La logique financière domine ; ce sont les « années fric », au cours desquelles les réussites financières individuelles sont glorifiées, celles des entrepreneurs, comme celles des « golden boys », qui règnent sur les salles de marchés et dans les banques d'affaires, et des « yuppies » (*young urban professionals*), actifs, brillants et riches. On est passé d'une économie d'endettement et d'inflation collective à un système frôlant la déflation, dans lequel les créanciers font la loi.

Dans cette logique de triomphe du libéralisme, les rapports financiers priment : les épargnants actionnaires sont en position de force et interviennent dans la gestion des entreprises avec, pour objectif affiché, la rentabilité du capital investi. Celui-ci a d'abord une valeur d'échange monnayable, avant toute responsabilité sociale.

Au cours de cette décade prodigieuse, les mutations financières sont considérables. On assiste à la montée de la dérégulation, de la mondialisation, à la création de nouveaux instruments financiers et à la constitution de puissants empires multinationaux. L'argent vole d'un continent à l'autre et ses gestionnaires, capables d'en maîtriser les flux à l'échelle planétaire, sont les rois, à l'égal des fondateurs de conglomérats. La rentabilité financière d'une entreprise mondiale est parfois privilégiée par rapport à la profitabilité usuelle de son activité première de production, de négoce ou de services. Les raids et les fusions/acquisitions de sociétés font la une des journaux.

Cette décennie excessive connaît également ses revers sur les plans à la fois monétaire et moral : crise bancaire en 1983 ; krach boursier en 1987 (le premier krach boursier assisté sur ordinateur !) ; multiplication de scandales financiers publics et significatifs, tels que l'affaire du Banco Ambrosiano, la Banque du Vatican, aboutissant à la mort de son principal dirigeant, retrouvé pendu sous un pont de Londres, et à l'emprisonnement de quelques-uns de ses conseillers ; disparition du courtier en devises de Volkswagen, qui laisse un trou de près de cinq cents millions de deutschemarks dans le groupe ; arrestation de plusieurs célèbres raiders nord-américains, dont Yvan Boesky, dit Yvan le Terrible ; chute de l'une des plus brillantes banques d'affaires new-yorkaises, Drexel Burnham Lambert, et de son cerveau dirigeant, Michael Milken, aujourd'hui sorti de prison et qui donne des conférences sur les opérations financières internationales devant des publics attentifs.

La recherche infinie du profit n'est pas l'apanage des années 1980 et la décade suivante n'aura rien à leur envier en matière de scandales financiers en tout genre. Elle n'est pas non plus liée à un capitalisme et à un libéralisme débridés, comme on tendrait à l'écrire aujourd'hui, car les actions des hommes de tout temps ont été souvent dictées par leurs ambitions personnelles de pouvoir et de richesse. Deux exemples célèbres sont frappants à cet égard : à la fin du Ve siècle avant Jésus-Christ, un Grec, Alcibiade, pupille de Périclès et apprécié de Socrate, paré de mille dons, mais avide de puissance, fut à l'origine de scandales politiques et de procès d'ordre financier qui entraînèrent sa condamnation. Ces termes nous sont actuellement très familiers. Plus près de nous, au XVe siècle, Jacques Cœur, précurseur des banquiers modernes – il était le créancier et le banquier du roi Charles VII, doté des titres officiels de maître des monnaies et d'argentier du roi –, initiateur des mouvements de négoce domestique et international, fut condamné à la confiscation de ses biens et au bannissement perpétuel. Les motifs de son arrestation reposent sur ses malversations et l'enrichissement personnel qu'il en avait retirés. Son immense fortune, volontiers affichée, notamment dans son somptueux palais de Bourges, lui avait attiré de nombreux ennemis.

La même histoire se répète indéfiniment et l'assainissement des mœurs monétaires et publiques n'a pas caractérisé les récentes années. Depuis l'effondrement du bloc soviétique et la chute du mur de Berlin en 1989, le capitalisme avance à visage découvert, sans alternative construite, et les revers de conjoncture, tel celui de 1990-1992, ne semblent pas altérer sa force ni sa brutalité. La fin du millénaire est marquée par un changement de substance de l'argent, résolument transformé en finance abstraite véhiculée par des instruments aux sigles énigmatiques, objet dématérialisé et autonome qui se manipule sur écrans transmettant des informations et des actions en temps réel sur la planète entière. C'est l'ère de la nouvelle économie, le règne d'Internet et de la société dite webmania, qui privilégient dans la majorité des pays du monde les champions technologiques du capitalisme. Nous vivons désormais sous le pouvoir anonyme et aveugle du couple argent-marché qui colonise tous les aspects de la vie. Les échanges monétaires sont progressivement remplacés par des opérations sur valeurs intangibles.

Ce nouveau décor nous conduit à modifier le regard que nous portons sur l'argent des autres, ou nos relations avec ceux qui le manipulent, mais il s'agit là d'une évolution lente, tant est lourd le poids des images séculaires attachées à la monnaie tabou et péché. Après avoir découvert avec stupeur, dans les années 1990, les niveaux de salaires de certains dirigeants français, dont Jacques Calvet (Peugeot) et Pierre Suard (Alcatel), nous ne sursautons plus avec autant de vigueur quand nous apprenons les rémunérations des chefs d'entreprises, incluant les avantages annexes, primes, boni et stock-options, qui se chiffrent pourtant en dizaines de millions de francs. Seule nous choque profondément l'accumulation personnelle de ceux qui manient l'argent des autres, public ou privé, à leur profit.

De surcroît, nous sommes incités, grâce aux modèles rapportés par les médias, à devenir riches à notre tour. Cela semble à la portée de tous. Les recettes sont multiples, les écueils également, qu'on soit salarié, créateur de société ou acteur sur la bourse *on line*. Et si vous devenez fortuné, les cabinets spécialisés se feront un plaisir de vous aider à supporter psychologiquement cet état de richesse subite. Mais peut-être n'avez-vous pas le désir d'entrer à tout prix dans le monde de l'argent-roi, à condition naturellement que vos besoins essentiels soient satisfaits, parce que vous avez d'autres buts et intérêts dans l'existence. C'est que vous avez acquis une distanciation salutaire à l'égard de la finance, qui ne vous trouble ni affectivement, ni moralement, ni intellectuellement...

CHAPITRE V

Banquiers et financiers : de l'autre côté du miroir

Nous percevons instinctivement les hommes d'argent comme des rois, des gourous, des potentats, parfois des tyrans, auxquels rien ni personne ne peut résister. Leurs injonctions ont force de loi et doivent être exécutées sans discussion ; la soumission et l'obéissance à leur égard nous font alors quelquefois endosser un rôle de victime sujette à des crises de révolte intérieure.

Pourtant, si le Veau d'Or tombe de son piédestal dans notre imaginaire grâce à un éloignement psychique dû à la réflexion, à l'apaisement et à l'intégration des problèmes qu'il a suscités en nous, ceux qui manient ou détiennent la richesse perdront de leur toute-puissance et nous pourrons les approcher d'égal à égal sans révérence immodérée. Les financiers sont des êtres humains, même cachés derrière des noms énigmatiques et ayant choisi de faire fortune. Ils ne sont ni meilleurs ni pires que les autres hommes. Il est temps de les démystifier.

Ceux qui manipulent l'argent

Les acteurs du milieu financier évoluent et sont parés de noms variés, le plus souvent anglo-saxons. Le vocabulaire change pour recouvrir des fonctions nouvelles. Dans l'ensemble, ce sont ceux qui manient votre argent, celui des autres et le leur propre, et dont l'activité consiste essentiellement à produire des valeurs et flux monétaires. Faisons maintenant connaissance avec eux.

Celui que l'on nomme *banquier*, dans le sens le plus ancien et le plus traditionnel, exerce dans une banque d'exploitation, dite commerciale, gérant les comptes de clients privés ou d'entreprises, distribuant les dépôts sous forme de crédits et prêts aux uns et aux autres selon des normes de prudence et de sécurité très précises, et proposant des produits financiers de placement ou d'investissement pour la trésorerie des sociétés et l'épargne des particuliers. C'est notre interlocuteur quotidien et privilégié.

Le *banquier d'affaires*, ou *investment banker*, est paré d'une aura plus lointaine. Il réalise des opérations financières domestiques et internationales pour le compte de ses clients, essentiellement des entreprises : fusions et acquisitions, introductions en Bourse, OPA (offres publiques d'achat), OPE (offres publiques d'échange), OPR (offres publiques de retrait d'une cote boursière), désinvestissements, liquidations, constitution de tours de table, syndication, recherche de financements, placements et, généralement, montages et conseils financiers de toutes natures regroupés sous le vocable d'ingénierie financière (*financial engineering*, dite aussi *corporate finance*). Il s'adresse à des groupes ou sociétés, ou à des personnes privées dotées de structures puissantes situées sur le versant de l'investissement. Sa vogue date des années 1980 et l'on ne cesse de le citer dans les médias à propos de ses interventions spectaculaires dans les combats des groupes mondiaux menés avec les armes des absorptions et rapprochements divers dans le but de détenir un pouvoir économique extensif. C'est le roi des méga-fusions, qui donnent naissance aux empires et conglomérats des secteurs industriels, commerciaux, de services, et financiers eux-mêmes, dont le nouveau domaine de la « bancassurance », qui réunit la banque et l'assurance.

Plus près de nous, se trouvent ceux qui gèrent nos avoirs privés, appelés *conseils en gestion de patrimoine* ou conseils financiers. Indépendants, ou collaborant dans des départements bancaires spécialisés, ou dans des sociétés de bourse – les anciennes charges d'agents de change, reprises en majorité actuellement par des banques –, ils nous guident dans nos investissements, en nous suggérant au mieux préalablement une répartition judicieuse entre divers placements, plus ou moins traditionnels, dont l'immobilier, le foncier et la Bourse. Ils agissent sur cette dernière, soit directement par des ordres sur tel ou tel titre coté, soit par le biais d'instruments collectifs de l'épargne créés par leurs établissements, comme les traditionnels fonds communs de placement (FCP) ou les SICAV. Ce sont également des courtiers ou *brokers* pratiquant les achats et ventes de titres sur les différents marchés boursiers. Ils sont dénommés *brokers on line* s'ils agissent par Internet en temps réel, étant entendu que nous pouvons le faire nous-mêmes depuis peu sur le web. Tous ces conseillers en gestion doivent réunir de solides connaissances fiscales pour être les plus efficaces dans un milieu férocement concurrentiel.

Il peut être difficile de faire un choix parmi les multiples modes d'investissement de nos biens, tant nous sommes sollicités de toutes parts par les institutions financières, les banques, les compagnies d'assurances, les sociétés de bourse, les établissements de crédit, ou encore les courtiers en direct, qui proposent une large palette de produits de placement, d'épargne, de retraite et de capitalisation, assortis de promesses de rendements élevés, de frais minimes et de sécurité maximale.

PETIT GLOSSAIRE DES ACTEURS DE LA NOUVELLE FINANCE

Si vous souhaitez comprendre qui joue sur la scène de l'actuelle finance mondiale, le petit glossaire non exhaustif ci-après pourra vous y aider et la lecture de vos journaux en sera sans doute facilitée.

***Business angels*, ou investisseurs providentiels.** Ils risquent leurs capitaux dans des entreprises en démarrage dotées d'une forte capacité innovante et de vastes perspectives de croissance, ces sociétés que l'on nomme start-up. Les *business angels* aiment aussi, depuis peu, se faire appeler *start-up lovers*, les amoureux des start-up.

Capital risqueurs, ou *venture capitalists* (VC). Fondateurs ou animateurs de sociétés de capital risque, ils investissent dans des affaires en création avec un fort potentiel ; les capitaux placés ne leur appartiennent pas toujours, car ils agissent souvent pour des fonds d'investissements.

Capital investisseurs. Exerçant dans des entités de capital investissement, ils prennent des participations dans des entreprises généralement déjà établies et répondant à certains critères de sélection.

Corporate governors. Ces nouveaux consultants financiers pratiquent le *corporate governance* vis-à-vis de leurs clients, c'est-à-dire la surveillance et la gestion des sociétés dont ceux-ci sont actionnaires, minoritaires ou majoritaires, dans une optique de rendement élevé des capitaux investis, de contrôle des organes de direction et de transparence. Leur rôle se situe dans le cadre d'une nouvelle philosophie de l'entreprise, selon laquelle le pouvoir doit passer progressivement des dirigeants aux actionnaires capitalistes, ou tout du moins être réparti entre eux.

Incubateurs. Ces investisseurs providentiels, agissant seuls ou en société, engagent des capitaux – qui leur sont le plus souvent confiés par des financiers – dans des affaires en création, ou start-up innovatrices à fort potentiel de croissance. En outre, ils gèrent et logent les entreprises incubées, leur apportant des bureaux et la logistique nécessaire, ordinateurs, téléphones, télécopie... ainsi qu'un personnel d'encadrement. À Paris, ils sont regroupés essentiellement dans le « Silicone Sentier », au sein du quartier du même nom, et administrent des sociétés de la nouvelle économie liée à Internet, à l'image de la Silicon Valley sur la côte Ouest des États-Unis.

Raiders, dénommés aussi flibustiers ou prédateurs. Ces expressions, tirées de l'art de la guerre ou de la chasse, s'appliquent aux investisseurs qui lancent un raid sur une entreprise ou un groupe de sociétés afin d'en prendre le contrôle, sous la forme d'une OPA, d'une OPE, ou d'une prise de participation prépondérante leur assurant le pouvoir. Les raids sont généralement hostiles, mais peuvent être délibérément amicaux. Le but de l'OPA peut être l'absorption à terme d'une société pour consolider l'édification d'un groupe dans son domaine d'activité premier ou de le diversifier. Les raids ont eu généralement, dans les années 1980-1990, une motivation plus financière qu'industrielle, portant sur la réalisation de plus-values ou la vente de l'entreprise par « appartements », avec gains financiers à l'appui.

Traders (littéralement : négociants). Il s'agit des financiers dont l'activité consiste à acheter et vendre des titres cotés, ou des matières premières, sur les Bourses officielles. Ce sont, entre autres, les opérateurs de salles de marchés.

Yetties (young entrepreneurial tech based). Cette appellation, liée à la nouvelle économie et à Internet, désigne les jeunes entrepreneurs du net qui créent une structure sur le web.

Dans toutes les catégories de financiers, se profilent les faiseurs d'argent (*money makers*) et brasseurs d'affaires dont l'objectif professionnel clairement déclaré est de réaliser des profits et d'amasser une fortune. Ils ne sont satisfaits que dans le gain, parfois pour l'engager et le risquer à nouveau, comme à la roulette. L'argent doit s'autoféconder.

Les nouveaux financiers ayant maintenant une identité, le mystère que nous leur prêtons peut être lentement percé, tandis que leur pouvoir se dessine à nos yeux dans sa réalité.

Comment et pourquoi on devient financier

« J'ai pétri de la boue et j'en ai fait de l'or » : si Baudelaire n'a pas écrit ces mots dans un esprit monétaire, ils s'appliquent pourtant à notre désir permanent de manier n'importe quelle matière, dont le fumier au sens freudien, pour en tirer de l'or. C'était là le vieux rêve des alchimistes. Ne nous étonnons donc pas de l'envie répandue de devenir le gestionnaire et le détenteur d'argent.

Puisque, à l'exception encore rare des nouvelles sociétés de troc, l'argent est l'intermédiaire quasi obligé et exclusif de toute relation humaine et que nous baignons dans un monde de marchés et de valeurs, le souhait de jouer un rôle actif dans ce dernier et d'en profiter avec plaisir surgit chez de nombreuses personnes. Il n'est pas question ici d'une vocation au sens culturel, religieux ou philosophique du terme, mais d'une réponse personnelle à la fascination ambiante, susceptible de créer une certaine avidité pour le pouvoir et la finance, les deux étant intimement liés dans l'imaginaire. Il s'agira de satisfaire à la fois aux goûts plus ou moins marqués de chacun pour le maniement de l'argent, pour l'exercice d'une autorité qu'on suppose liée à la fonction et pour les rémunérations et profits personnels élevés qu'on espère en tirer, puisque cette profession est réputée lucrative.

Chacun peut accéder à une fonction bancaire ou financière, en commençant à un échelon modeste, comme le guichetier d'une banque, déjà détenteur d'un certain pouvoir sur le client, ou le vendeur en direct de produits de placement, par téléphone, à domicile ou par e-mail, ces postes étant proposés par annonces dans les médias ou dans les agences pour l'emploi. Dans l'entreprise, le comptable volontariste, s'il suit toutefois une formation complémentaire dans les nouveaux domaines monétaires pointus, peut espérer embrasser à terme la carrière de directeur financier, devenue essentielle au fonctionnement et au développement de toute structure. Dans la nouvelle économie, les *brokers on line* n'ont souvent appris que « sur le tas », en exerçant eux-mêmes, avec un goût prononcé au départ pour le jeu boursier. Dans tout succès, coexistent le hasard et le désir.

La voie royale pour pénétrer dans le monde professionnel de l'argent, aussi longtemps qu'il reste fascinant, demeure le passage dans une grande école. Ce sont, entre autres, l'ENA, HEC, Essec, Sup de Co, Sciences-Po, Polytechnique, Centrale, les écoles d'ingénieurs, dont les Arts et Métiers, et certaines universités comme Dauphine et Assas à Paris. Les autodidactes gardent cependant leurs chances, surtout dans le monde de la nouvelle économie sur Internet, où l'on assiste actuellement à la réussite rapide de *yetties* sans baccaléaurat. Les *self-made men* (et *women* !) de la finance et des empires industriels et financiers, s'ils ne sont pas légion, existent donc, avec une réussite si brillante qu'ils en sont devenus célèbres. Rappelons le parcours de Gilberte Beaux, qui a débuté comme sténotypiste dans une banque. Major à vingt ans de l'Institut technique de banque, elle est devenue la première femme française présidente d'une institution financière, la Banque Occidentale, et a brillamment dirigé le groupe de Jimmy Goldsmith. Mentionnons également que François Pinault, président et fondateur de l'empire PPR, se targue de n'avoir pour tout diplôme que son permis de conduire.

Une personnalité affirmée, de l'ambition, de l'imagination, de l'opiniâtreté et de la rigueur sont des qualités personnelles de base pour devenir financier. Il convient d'y ajouter une haute technicité et la maîtrise des nouveaux instruments de gestion monétaire, qui varient sans cesse et qui peuvent s'aquérir à la fois sur le terrain et dans des formations permanentes, telles que les cycles courts organisés par certaines écoles et universités pour les dirigeants en activité. À ces exigences, s'ajoute une vaste connaissance des marchés mondiaux, puisque les lieux d'action sont désormais internationaux et accessibles en temps réel. Même s'ils ont les compétences et caractéristiques personnelles requises, les professionnels de l'argent, banquiers d'affaires, conseils et responsables financiers d'entreprises ne devront jamais oublier qu'ils exercent des métiers à risques dans lesquels l'erreur de jugement et d'action est impardonnable et le niveau sans cesse tiré vers le haut. Enfin, et ce ne sont pas de moindres exigences, méthode, sang-froid et honnêteté y sont indispensables.

Les femmes sont actives dans le monde professionnel de la finance et sollicitées comme telles depuis les années 1960. L'idée qu'elles n'entendent rien à l'argent est définitivement abandonnée et elles ont suivi avec succès les traces de la pionnière Marthe Hanau, dite la Banquière, qui avait créé le premier établissement de gestion français faisant appel à l'épargne publique, avant d'être vilipendée et rejetée par la société même qui l'avait portée aux nues. On les retrouve maintenant à des postes clés de directeur financier et trésorier international de grands groupes, à la tête de banques, d'institutions de gestion, de sociétés de bourse, ou encore comme responsables de salles de marchés, fonctions qu'elles exercent avec bonheur à parité avec leurs homologues masculins.

Les chasseurs de têtes et cabinets de conseils en carrières recrutent des femmes dans les activités du monde de l'argent pour les qualités qui leur sont prêtées : la volonté, la ténacité, le goût de l'approfondissement, la méthode, le courage et la capacité à résister aux chocs et aux coups durs. À ces dons, s'ajoutent souvent une certaine réputation de charme qui facilite le rapport avec les autres, notamment avec les clients lors de négociations difficiles, ainsi que l'humanisation espérée d'un domaine jugé parfois encore trop dur et trop rigide.

À compétences égales, les femmes financières ont incontestablement des responsabilités et des rémunérations identiques à celles des hommes. Elles peuvent cependant se heurter à une certaine misogynie archaïque et instinctive de la part de leurs interlocuteurs ou de celle de leurs collègues. Une spécialiste des opérations de haut de bilan avait ainsi été appelée, en vertu de son expérience, à diriger une banque d'affaires française comprenant vingt-cinq collaborateurs masculins. Le chasseur-recruteur avait insisté sur l'importance d'une présence féminine dans cette équipe un peu « rugueuse » pour réaliser des opérations d'ingénierie de montants élevés en la prévenant de la difficulté de la fonction et de la nécessité de s'imposer avec tact, mais efficacité. Ce fut dur, en effet, et bien au-delà de ce qu'elle avait escompté, puisqu'elle se heurta aux contestations incessantes de son pouvoir et de ses qualités, non seulement de la part de ses collaborateurs, mais également de celle de ses clients, tous mâles et apparemment dérangés par sa présence dans le maniement de l'argent, qu'ils considéraient comme un privilège exclusif de leur sexe. Avant qu'elle ne puisse s'imposer réellement, son corps protesta violemment et elle fut affectée d'un eczéma bien visible sur les mains et le visage, qui lui donna pendant quelques jours un aspect affreux la privant de toute possibilité d'intervention publique. Elle finit par se reprendre moralement et retrouva peu après une apparence lisse et sereine dont la distanciation mentale à l'égard de l'entourage n'était pas absente.

Dans les banques commerciales, dites de guichets, il est de nos jours habituel de s'en remettre à une interlocutrice pour régir nos dépôts, nos avoirs et nos crédits, et la femme a trouvé là une place bien déterminée et acceptée. Nous allons même plus facilement et fréquemment voir notre banquière que notre banquier. Ce ne fut pas toujours le cas, et manier les comptes d'entreprises et de leurs dirigeants hommes n'était pas de tout repos dans les années 1970, comme je peux en témoigner avec un sourire rétrospectif par ma propre expérience. À l'époque, je gérais les comptes de petites et moyennes entreprises dans un respectable établissement de la place, dont la clientèle, en majorité masculine, était plutôt latine et de tendance machiste. L'un de mes interlocuteurs ayant préféré partir en week-end anticipé dès le jeudi plutôt que d'effectuer une importante remise attendue pour l'une de ses sociétés, j'avais été contrainte de le contacter téléphoniquement à Deauville, où je savais le trouver avec certitude, car il y jouait aux courses le montant de ses échéances. Il revint à Paris en un temps record pour se précipiter dans mon bureau avec un chèque, non sans en avoir, au préalable, cassé ma porte avec grand fracas. Après cet éclat, il s'en fut voir le directeur général de l'institution et exigea mon licenciement, qu'il n'obtint pas, aux motifs que je serais mieux à ma place chez moi à faire le ménage « avec un plumeau »... Quelque temps après, un autre client, tout aussi misogyne et se sentant atteint dans sa virilité par le contrôle que je devais exercer sur le maniement discutable des fonds de ses entreprises, réitéra une demande de renvoi à mon encontre, en se plaignant auprès du président de la banque en ces termes : « Mais que vous ai-je donc fait pour que vous me donniez une femme pour gérer mes comptes ? »

Si ces anecdotes paraissent obsolètes, notamment en ce qui concerne la position spécifiquement féminine professionnelle sur laquelle le regard de la société a considérablement évolué au cours des dernières décades, elles n'en reflètent pas moins une tendance fondamentale, à savoir que les rapports avec l'argent sont rarement neutres et qu'ils engendrent une grande violence. Il faut s'en souvenir avant d'embrasser une carrière financière et bancaire, et cet avis est valable pour les deux sexes.

Le pouvoir et l'image de la fonction

L'argent est un profond instrument de domination et de soumission, l'un des plus complexes et des plus ambigus parmi ceux dont se sont dotés les hommes. Sa possession confère un ascendant incontestable sur les autres et suscite souvent irritation, envie et révolte chez ceux qui se considèrent alors comme des inférieurs démunis ou dépouillés.

De façon plus surprenante, celui dont le métier consiste à manier la matière financière, même s'il n'est pas fortuné et s'il n'a pour vivre qu'une rémunération de salarié d'institution monétaire ou d'entreprise financière, se voit attribuer dans l'imaginaire des tiers un pouvoir et une autorité purement liés à sa fonction. Le simple fait qu'il participe au monde sacré de l'argent le place d'emblée dans un rôle de puissant inspirant la crainte.

L'histoire a montré que le besoin de surpasser et de soumettre son prochain s'exerçait essentiellement par l'argent dans tous les systèmes économiques et répondait à une impulsion fondamentale humaine. Cette tendance a été combattues par des écrivains qui croyaient en la douceur initiale de l'homme, dont Rousseau avec son « bon sauvage » et Marx dans *Le Capital.* Selon la pensée marxiste, l'homme devrait être le seul intermédiaire dans le jeu social. Dès lors qu'il donne cette fonction à l'argent, celui-ci devient un véritable dieu et l'être humain se transforme en esclave dans un univers d'inégalités. La domination par le capital est effective dans une économie purement monétaire, l'argent devenant l'instrument de l'exploitation des travailleurs. L'utopie marxiste présuppose la bonté naturelle de l'homme, qui aurait été obérée par la concentration des biens aux mains d'une minorité, représentée par les propriétaires privés. Freud a réfuté cette thèse en attribuant une origine psychique à la volonté de puissance qui aboutit universellement à la recherche du pouvoir et de la richesse, l'un et l'autre étant indissociables. C'est dans *Malaise dans la culture* – dont le manuscrit a été déposé chez l'imprimeur en novembre 1929, une semaine après le mardi noir de Wall Street, date du début du premier krach financier du XXe siècle – qu'il développe de sombres postulats sur l'agressivité, la violence et l'instinct d'anéantissement inhérents à la personne humaine.

L'enfant naît dans un monde d'inégalités sociales, économiques et financières. Selon la théorie freudienne, son instinct de propriété et de maîtrise de l'environnement – inhérent à la nature humaine – se trouve, comme nous l'avons vu, satisfait au premier âge dans la phase anale, ce qui se traduit par la rétention et le cadeau. Ce stade passé, une agressivité primitive nécessaire se développe pour compenser les privilèges parentaux et l'état de dépendance où se trouve le petit. Le souhait forcené d'égaler les parents rejoint à l'âge adulte pour bon nombre d'hommes celui de dominer les autres, dans le but inconscient de pallier un état de dépendance initial insupportable. Ceux-ci recherchent alors un pouvoir à tout prix, financier ou économique, ou encore politique, de façon à agir en maîtres. L'argent en est le meilleur instrument, car il permet de soumettre les tiers qui se comportent en esclaves à l'égard de ceux dont ils dépendent monétairement, à moins qu'à leur tour ils ne se rebellent, par exemple dans l'action révolutionnaire ou anarchiste, ou ne visent à acquérir à leur tour par eux-mêmes une certaine puissance financière.

Que l'on adhère ou non à cette thèse de l'origine infantile, chacun sait que le penchant pour l'agression de l'autre est inné chez la majorité des humains. Il se manifeste dans la guerre – ce n'est pas un hasard si les luttes et les raids entre groupes économiques mondiaux se traduisent en termes militaires – ainsi que dans la recherche individuelle de force et d'autorité liées à l'argent. Sur ce sujet, nous oscillons tous entre les positions de dominant et de dominé, ce dernier voulant un jour, lui aussi, idéalement et en toute liberté pouvoir agir sur autrui, thésauriser pour soi, dépenser et effectuer des libéralités, à ses heures et comme il l'entend.

La pauvreté, la modestie de vie et leur corollaire, la dépendance, prolongent et accentuent nos sentiments d'infériorité et de soumission spontanée à l'égard de ceux qui manipulent l'argent et le détiennent. La délivrance, pour beaucoup d'entre nous, naîtrait de la sensation d'être riches, donc libres. On retrouve ce besoin de ne pas se sentir subordonné, comme « endetté » vis-à-vis des autres, dans la convention universelle des groupes sociaux constitués d'individus qui fréquentent spontanément ceux qui détiennent des moyens matériels jugés identiques ou ont des références semblables, qu'elles soient ethniques, géographiques ou économiques. En effet, chacun peut se sentir agressé par celui qui a accès aux fonctions de l'argent ou qui en posséderait davantage que lui.

Qu'est-ce que l'argent pour un financier ?

Quel que soit le mode d'accession à la fonction financière, celui qui l'occupe y projette son rapport personnel avec l'argent et son désir originel d'en détenir, qui peuvent se modifier avec le temps et l'exercice de l'activité.

Certains veulent d'abord sentir l'odeur de l'argent, s'en imprégner, vivre à l'intérieur de son domaine, parce que c'est l'objet premier de leurs fantasmes. C'est un vœu sensoriel, analogue à la quête de ceux qui entendent palper de l'argent liquide dans leurs poches avant l'acte jouissif de la dépense. Mais manipuler des espèces sur un plan professionnel n'a plus guère de signification, compte tenu de l'abstraction grandissante de la monnaie. Les activités qui le permettent, mises à part celles qui sont illégales, sont de plus en plus rares ; seules demeurent celles des caissiers, changeurs, prêteurs sur gages et croupiers, sources de davantage de frustrations que de plaisirs.

Certains envisagent délibérément de devenir riches à coup de stock-options, boni et primes, de création de sociétés, de lancement de start-up sur Internet (c'est le cas des *yetties*), voire de construction acharnée de conglomérats par acquisitions et développement interne, l'ensemble pour acheter de la liberté et du délice.

Les *traders* et gestionnaires reconnaissent l'ivresse éprouvée à manier des sommes significatives, fussent-elles sur écrans, ainsi que les propriétés d'autrui. Le nombre de zéros accroît la frénésie, étant entendu qu'ils prélèvent légitimement au passage leurs commissions dont l'attrait n'est pas négligeable dans ce jeu.

Les banquiers d'affaires se flattent à juste titre d'avoir le pouvoir de modifier les cartes mondiales des entreprises, à travers des opérations financières prestigieuses conçues et organisées dans une optique de stratégie industrielle, d'économie et de profit. Ils ne manipulent qu'indirectement de l'argent virtuel d'investisseurs et de groupes de sociétés, mais ont le sentiment de détenir une réelle toute-puissance, tout en accédant éventuellement à la richesse personnelle par les rémunérations qui leur reviennent

Pour le banquier d'exploitation, la notion de pouvoir atteint est plus subtile ou plus inconsciente et rejoint celle de l'importance aux yeux de ses clients. Par le biais de prêts octroyés ou supprimés, par celui de la gestion des avoirs et de la trésorerie, il peut enrichir et développer les biens des personnes physiques ou morales, ou au contraire les priver de moyens de paiement, et contraindre des entreprises au dépôt de bilan. On vit le plus souvent ce banquier comme un censeur, mais il convient de souligner que certaines banques commerciales ont été condamnées par les tribunaux français lorsqu'elles avaient, par des consentements de nouveaux crédits, pratiqué un soutien abusif à des sociétés déjà en état de cessation de paiement.

> « Si le financier manque son coup, les courtisans disent de lui : “C'est un bourgeois, un homme de rien, un malotru” ; s'il réussit, ils lui demandent sa fille. »
>
> La Bruyère

À l'époque de la dérégulation des frontières et de la globalisation des marchés, la direction financière d'une entreprise internationale ou d'un conglomérat confère un rôle essentiel et de tout premier plan à celui qui en est chargé, ce dont il a une haute conscience et dont il est fier. Sa puissance est réelle en ce qu'il doit optimiser à la fois les flux dégagés par l'activité primaire, puis les profits engendrés par sa propre gestion, afin de satisfaire à la poursuite de la croissance du groupe, ainsi qu'à l'attente de rentabilité des actionnaires et des dirigeants. L'argent doit produire de l'or et le directeur financier devient un chef d'entreprise à l'intérieur d'un état. Nanti d'un immense pouvoir et d'avantages substantiels qui attirent vers la fonction de nombreuses jeunes têtes bien faites, il a de lourdes responsabilités et doit toujours rendre des comptes. Il oscille en permanence entre l'objectif de faire fructifier les trésors de guerre de l'entreprise et celui d'éviter de dangereuses spéculations.

« Mon métier, dit Jean-Marc (quarante-deux ans, directeur financier d'un groupe multinational), c'est de produire de l'argent en achetant, en vendant, en investissant, en recherchant des financements, en gérant des capitaux internationaux, en me plaçant sur certains marchés au bon moment. J'aime le défi et le risque que recouvre mon poste et aussi, je dois l'admettre, l'ivresse que me procure le maniement d'énormes sommes qui me paraissent hors de la réalité et de mes représentations personnelles. J'essaie de ne pas me laisser emporter par le sentiment de gloire que m'apporte momentanément la bonne conclusion d'une opération financière. Dans ma vie personnelle, je suis plutôt sur le versant de la parcimonie et de la prudence extrême, mais il est vrai qu'il s'agit des fonds que j'ai gagnés et que je ne veux pas dépenser, sauf pour le strict nécessaire familial. Dans ma vie professionnelle, je suis condamné au succès, car personne ne me pardonnerait les pertes ; seuls les profits sont admis. Donc, j'y suis toujours en danger, ce qui explique peut-être mon attitude opposée en privé à l'égard de l'argent. » Pour Jean-Marc, l'argent engagé et géré par lui dans son activité n'a plus de signification. Il ne vit que dans la recherche du bénéfice supplémentaire, qui signe la réussite de sa carrière. L'argent ne devient réel à ses yeux que lorsqu'il lui appartient. Dans ce registre, il est anorexique et entend conserver au-delà du raisonnable, car il prend conscience du temps et de l'énergie investis pour l'engranger : l'argent a acquis une valeur de transformation précieuse. Sans doute met-il seulement en œuvre ses instincts de jeu et de prise de risques, qui correspondent à un autre aspect de sa personnalité, en manipulant les biens des autres.

Dans un cas différent, davantage associé à l'origine infantile des rapports avec l'argent, Gérard, cinquante ans, ex-directeur financier d'un groupe de dimension internationale, a été contraint de démissionner à la demande de son président aux motifs qu'il ne savait pas créer de profits. Il avoue avec regret que l'absence permanente de moyens dans le foyer parental l'a placé à vie dans une attitude de retenue à l'égard de la finance : il s'est toujours senti obligé d'épargner, dans son foyer comme dans son entreprise, en évitant tout investissement ou toute dépense, fût-elle productive à terme. Professionnellement, il s'est contenté de gérer prudemment l'acquis, comportement considéré comme trop timoré dans le monde des affaires. Pour lui, l'argent est un objet si précieux qu'il ne peut qu'être conservé dans la crainte permanente du manque, position qu'il adopte dans toutes les circonstances de l'existence.

Dans la tête d'un financier, on trouve donc de tout, à des degrés divers, sur un fond d'histoire familiale : le souhait de devenir fortuné, essentiellement pour être dans la liberté et le plaisir ; l'envie de la réussite ; le désir de puissance et d'ascendant sur les autres. Si certains en sont pleinement conscients, d'autres se dissimulent derrière des motivations qu'ils considèrent comme plus avouables.

Quand les financiers ont des problèmes avec l'argent

Les financiers sont des hommes comme les autres. Ils peuvent avoir des difficultés monétaires comme tout un chacun, connaître des hauts et des bas avec l'argent dans leur existence, en gagner beaucoup, puis en perdre par des investissements ou des spéculations hasardeuses, se retrouver endettés et vivre dans l'angoisse du lendemain.

Ce n'est pas parce qu'on est dans la proximité de l'argent au quotidien qu'on est plus enclin à le faire s'égarer dans ses propres poches. Il n'y a ni plus ni moins de collaborateurs malhonnêtes dans les professions financières que dans les autres : entre 0,5 % et 1 % de la population active, disent les statistiques. Même un salaire modeste et une frustration économique certaine ne développent pas inévitablement la vulnérabilité à la tentation et n'entraînent pas systématiquement à la délinquance en cols blancs.

Tout dépend de la représentation que les gens de finance, comme les hommes en général, ont de l'argent. Nous avons forgé en nous des seuils au-delà desquels les montants n'ont plus de tangibilité : pour certains, ce sera cent mille francs ; pour d'autres, un million de francs ou de dollars ; pour d'autres encore, le milliard de plus. Si nous atteignons la manipulation, voire la possession de ces sommes, la monnaie bascule dans l'abstraction et le niveau suivant n'a plus de signification, seulement celui d'un étalage de zéros sur un morceau de papier ou sur un écran.

Selon les cognitivistes, nos tendances mentales naturelles nous conduisent à l'illusion et nous engagent dans ce qu'ils nomment des tunnels mentaux, qui sont la cause première de nos comportements. Ainsi, sur le plan financier, chacun a un jugement variable et personnel au sujet de la valeur des choses. L'un de nous est disposé à payer un montant plus élevé que l'autre pour acquérir un objet ; c'est tout le jeu des ventes aux enchères, dans lesquelles celui qui s'est fixé une barrière absolue ne la franchira pas, fût-ce au prix d'un surinvestissement relativement minime. C'est aussi « l'effet de capital », au terme duquel une chose que nous possédons, du fait qu'elle nous appartient, prend pour nous une valeur monétaire supérieure au prix que nous serions prêts à payer pour l'acquérir.

Nos représentations changent donc les valeurs subjectives et économiques de ce qui nous entoure et peuvent, selon notre éthique personnelle, soit agir comme des garde-fous par rapport à l'argent, soit nous faire céder au désir d'appréhender pour notre compte ce qui n'est pas à nous.

Pour certains hommes liés professionnellement à la finance, il est difficile, par besoin, par faiblesse ou par malhonnêteté, de refuser la séduction de l'argent immédiatement accessible et facile. Tels comptables de grands groupes se sont livrés à des malversations – à l'exemple de l'un des comptables de Marcel Dassault, lequel avait cependant refusé de porter plainte contre lui – et ont pris un billet d'avion en aller simple pour un pays accueillant d'Amérique du Sud. Tels banquiers d'exploitation ont consenti des crédits en échange de commissions et pots-de-vin occultes en espèces, avant d'être le plus souvent découverts par les autorités judiciaires. Mais ces pratiques se sont raréfiées au cours des dernières années dans une activité financière soumise à un contrôle grandissant des autorités de tutelle.

Le temps paraît lointain où un soldeur tout de cuir noir vêtu était entré fort aimablement dans mon bureau de banquière commerciale et m'avait proposé des devises, des francs, des traites ou de la cocaïne, à mon gré, si je voulais bien lui octroyer par préférence et prioritairement un stock nanti de matériel électronique d'une société en liquidation, de grande valeur pour lui. S'il n'a pu ainsi « m'acheter », c'est que mon système de valeurs ne coïncidait pas avec le sien et que mon activité n'était pas négociable, comme d'ailleurs pour la majorité des êtres, sauf à ne pas savoir, ou pouvoir, résister à la tentation.

Les conduites délictuelles n'ont cependant pas disparu de la scène financière, passant peu à peu des guichets et bureaux feutrés des institutions aux salles de marchés, où quelques *golden boys* ont dangereusement spéculé pour leur compte sur diverses places internationales, ce dont les médias se sont fait l'écho tant les sommes en jeu étaient considérables. L'exemple le plus célèbre des dernières années est fourni par la chute de la vénérable banque de la couronne britannique, Baring Bros, conduite à la faillite et à sa reprise par le néerlandais ING, du fait des opérations hautement risquées d'un opérateur non surveillé de la salle de marchés de Singapour, qui menait grand train de vie et avait frénétiquement confondu la richesse de son établissement avec la sienne dans les positions prises, avant d'être incarcéré en entraînant sa noble Maison dans une liquidation irréversible.

Comment bien gérer son banquier

Les banquiers sont réellement perçus par certains d'entre nous comme les chirurgiens-économistes de Chamfort dont nous serions les martyrs (« les économistes sont des chirurgiens qui ont un excellent scalpel et un bistouri ébréché, opérant à merveille sur le mort et martyrisant le vif »)... jusqu'à ce que nous soyons capables de rééquilibrer nos rapports avec eux.

En effet, l'argent développe ce qui est l'un des aspects fondamentaux des relations entre les êtres, celles qui lient le maître à l'esclave. Si nous sommes déjà naturellement et psychologiquement prisonniers de nos besoins monétaires fondamentaux, *a fortiori* nous sentons-nous dépendants et obligés envers celui qui a le pouvoir de nous en priver ou de nous accorder les moyens de les assouvir. C'est en cela que le banquier est vécu comme un maître. Il contrôle la distribution de la monnaie, celle dont nous disposons et celle qu'il nous prête ; il peut nous aider à nous enrichir ou nous appauvrir, voire prendre des mesures de rétorsion à notre encontre, ce qui alourdit sensiblement notre vie quotidienne.

Mais n'oublions jamais que l'on peut toujours librement changer de banquier si les choses deviennent intolérables, ou avoir recours, en France, à l'Association française des usagers des banques, qui apporte conseils et avis judicieux et tangibles relatifs aux droits et obligations réciproques des institutions bancaires et de leurs clients, aux contrats tacites ou écrits qui les lient, ainsi qu'aux commissions et frais légaux et en usage. Cette institution ne peut éviter cependant les excès quasi passionnels dans les rapports, ni les « dérapages » de part et d'autre.

C'est fou ce qu'un banquier d'exploitation peut savoir sur vous ! Il connaît de vous ce que vous lui en avez dit lors de ce qu'on appelle l'entrée en relation, ce que vous lui indiquez à chaque rencontre ou conversation téléphonique et, s'il étudie régulièrement le fonctionnement de vos comptes, votre train de vie, vos rentrées impévues ou exceptionnelles, l'évolution de votre patrimoine et votre endettement. Depuis l'avènement de l'ère informatique, même si vous avez réparti vos avoirs et vos emprunts dans plusieurs établissements, il est en mesure de suivre les mouvements de votre argent entre ceux-ci. N'oubliez pas que tous les matins, le banquier a entre les mains des listing informatiques dénommés « alertes », reportant les positions des clients débiteurs ou en dépassement de leurs autorisations, ce qui doit déclencher chez lui des appels vécus comme des semonces ou des rappels à l'ordre. Tout dépend du ton adopté pour ce faire. Il est en effet responsable vis-à-vis de son institution de la bonne tenue des comptes et de leur retour à la norme, quitte à vous consentir de nouvelles facilités. Mais si vous le fuyez systématiquement lorsqu'il cherche à entrer en contact avec vous, surtout à plusieurs reprises, dans un réflexe de défense et de peur, il aura tendance à vous mettre en position délicate et à pratiquer des rejets de chèques ou d'effets, ne serait-ce que pour vous faire réagir. Il sera toujours moins nocif pour vous d'anticiper et de ne pas demeurer dans l'évitement.

Que de plaintes s'expriment contre le banquier d'exploitation, dont les clients considèrent qu'il est excessif, voire pervers dans l'exercice de son pouvoir, et qu'il prend des mesures arbitraires, humiliantes et infantilisantes à leur encontre ! En voici quelques-unes : « Il m'a encore fait le coup du banquier, en supprimant mon découvert sans prévenir (ou en le réduisant), de telle sorte que je ne peux plus m'en sortir ni vivre décemment. » « Mon banquier m'a traité comme un petit enfant, simplement parce que j'étais demandeur d'un crédit. Il prête sur garanties, de un pour un. Si je les avais, ces garanties, je n'aurais pas besoin de lui. Il m'a placé en position d'infériorité et d'échec. C'est intolérable. » « Je suis maintenant interdit bancaire, simplement parce que j'ai émis un chèque de deux cents francs, au-delà de mon autorisation. C'est ridicule et injuste et j'en ai pour des semaines avant de retrouver une possibilité de règlement normal des fournisseurs, de mon loyer et des administrations. Il me rend la vie impossible. » « Mon banquier a mis en place dans un bon jour un crédit *revolving* en ma faveur, mais c'est lui qui l'utilise comme bon lui semble sans m'en avertir, en faisant des virements internes pour approvisionner mon compte principal, alors qu'il était prévu que c'était à moi de puiser dans cette facilité en fonction de mes besoins. » « Il a pratiqué un véritable chantage, en me laissant entendre que si j'ouvrais un plan d'épargne logement, avec un dépôt symbolique, je pourrais bénéficier d'un découvert. » « Quand je suis arrivé à Paris, venant de province pour des raisons professionnelles, il m'a été dit publiquement au guichet d'une banque où je voulais ouvrir un compte, on ne veut pas de vous ici, car vous avez eu un incident il y a deux ans. » Ces quelques réflexions démontrent que le banquier peut être vécu comme un bourreau répressif. Il existe pourtant quelques attitudes et réflexes à adopter pour éviter ce type de déboires dont on ne sort que perdant.

Les rapports des banques avec leurs clients se sont beaucoup policés au cours des dernières années. Si l'on se place dans la réciprocité, les relations deviennent normalement commerciales et courtoises, sachant que tout établissement vend des services payants aux usagers, tout en cherchant à éviter qu'ils n'aillent vers la concurrence, tant pour la gestion de fortune que pour la délivrance de crédits. Qu'attend donc le banquier de son client ? Être clairement et sans ambiguïté informé de sa situation. Il souhaite donc qu'on vienne le voir régulièrement, ou qu'on lui téléphone périodiquement, pour le prévenir de toute évolution de vie financière et pour faire le point sur cette dernière.

Lui demander conseils et avis lors d'un entretien en tête-à-tête représente la meilleure solution. Il aura alors tendance à vous aider, en vous proposant de nouveaux placements judicieux – ce qui n'évite pas d'interroger d'autres institutions à titre comparatif –, ou en vous suggérant la mise en place d'un prêt provisoire, dont vous êtes en droit de négocier les conditions, en attendant que votre situation s'infléchisse dans le bon sens.

Le gestionnaire de vos comptes déteste être mis devant le fait accompli et toute conversation avec lui est préférable au silence et à la politique de l'autruche, qui peuvent conduire à des réactions fort désagréables pour vous. Même si vous êtes en position débitrice et que vous ne voyez pas de solution immédiate, il est hautement préférable de l'en avertir.

Évitez aussi la servilité, l'humilité et l'agressivité. Vous pouvez discuter d'égal à égal avec un homme ou une femme qui a peut-être aussi des problèmes avec l'argent et qui gagne sa vie comme tout un chacun. Les rôles respectifs des banquiers et de leurs clients ne sont pas figés à jamais dans l'autorité et la soumission. Sans aller jusqu'à l'excès d'un ex-débiteur devenu aisé qui harcelait quotidiennement le gestionnaire de ses comptes au téléphone en lui décrivant ses positions créditrices pour se venger de coups de fil bancaires jugés menaçants et sadiques dans une vie antérieure d'endettement, il est toujours loisible de discuter sans sentiment de supériorité ou d'infériorité.

Le client fortuné exerce souvent de réelles pressions sur sa banque, allant jusqu'à la menacer de changer d'institution en retirant ses dépôts, qui sont la matière première de la profession bancaire, s'il n'obtient pas les conditions de fonctionnement, les jours de valeur, les taux d'intérêt et les diminutions d'honoraires qu'il exige.

Mais même si vous ne disposez pas d'un matelas monétaire considérable, rien ne vous interdit, dans le cadre de rapports marchands habituels, de négocier poliment avec votre banquier les coûts de gestion et les agios attachés à vos comptes.

À son tour, et afin d'éviter toute situation conflictuelle, le financier se doit de ne pas confondre sa fonction avec l'exercice d'un pouvoir discrétionnaire et abusif et rester dans le dialogue et l'équilibre, s'il a lui-même pris de la distance à l'égard de l'argent qu'il manie.

Après avoir eu accès à ceux et celles qui sont de l'autre côté du miroir, du côté de la finance, pourquoi ne pas tenter de devenir riche à son tour et de se placer dans cette situation nouvelle ? Les moyens existent, comme on va le voir maintenant, par les voies de l'entreprise et/ou de l'investissement, assorties de quelques règles de bonne conduite et de prudence à respecter. Nous verrons aussi qu'il ne suffit pas de devenir fortuné : encore faut-il le bien vivre et... le rester.

CHAPITRE VI

Peut-on devenir riche dans l'entreprise ?

« Il faut une sorte d'esprit pour faire fortune et surtout une grande fortune : ce n'est ni le bon, ni le bel esprit, ni le grand, ni le sublime, ni le fort, ni le délicat ; je ne sais précisément lequel c'est et j'attends que quelqu'un veuille m'en instruire. »

LA BRUYÈRE

Pour devenir riche et le rester, il faut le vouloir et s'y consacrer. Dans le système capitaliste, l'argent se gagne d'abord dans l'entreprise, en travaillant chez autrui comme salarié, ou chez soi, si l'on crée sa propre société.

Naguère, en étant salarié, on pouvait difficilement accéder à la fortune, c'est-à-dire accumuler du capital. Tout ce que l'on pouvait faire, c'était vendre son temps et son cerveau contre, au mieux, un salaire très confortable permettant d'avoir un niveau de vie satisfaisant. Depuis les années 1980, cependant, il est possible de constituer une certaine richesse grâce aux avantages et aux accessoires du contrat de travail (stock-options, boni, primes). La voie traditionnelle du salariat n'en reste pas moins la plus ardue pour constituer un patrimoine significatif.

On parle beaucoup du malaise des salariés, qui se sentent de plus en plus mal dans les entreprises, en tout cas en ce qui concerne ceux qui ne sont pas au sommet de la hiérarchie. Car c'est là que se situent les plus grandes inégalités. Les cadres moyens, voire les cadres supérieurs qui ne se sentent pas dotés d'une réelle responsabilité dans l'entreprise, se vivent comme exploités, corvéables et susceptibles d'être remerciés du jour au lendemain et, même s'ils gagnent d'importantes sommes grâce à leurs rémunérations, ne sont pas satisfaits. Ils sont donc prêts à changer de société, se ressentant comme pris en otage par le pouvoir grandissant des actionnaires, qui raisonnent en termes de valorisation et de rendement du capital investi.

À l'heure actuelle, on glorifie les patrons de groupes multinationaux, ce qui frise un peu le culte de la personnalité. Ils font la une des journaux, avec l'étalage de leur fortune acquise, ou héritée et développée, contribuant en cela au sentiment d'injustice que ressentent les cadres. Il est très positif de donner des figures emblématiques à des ensembles de sociétés, mais il ne faut pas oublier que le collaborateur a toujours besoin d'avoir le sentiment d'appartenir à une équipe et d'œuvrer à un but commun. Sinon, il essaie de changer d'entreprise si la situation du marché de l'emploi le permet et si les propositions extérieures sont attrayantes.

Tout se joue au moment de l'entrée dans la firme,

quand il s'agit de négocier son contrat de travail. Si vous êtes demandeur d'emploi, vous ne pourrez que rarement solliciter des accessoires multiples et très avantageux sur le plan financier. En revanche, si vous êtes recherché par un cabinet de recrutement ou par un « chasseur de têtes », vous êtes en position de force pour imposer des avenants financiers accessoires à l'accord salarial de base qui, seul, ne permet guère d'épargner et de thésauriser, compte tenu des prélèvements sociaux et de la fiscalité personnelle.

La négociation d'entrée

Les sociétés mettent à la disposition de leurs collaborateurs différents avantages monétaires annexes à la rémunération brute initiale ; il faut les connaître si l'on souhaite discuter au mieux des termes de son accord d'engagement, dans le but de capitaliser. Ces appâts ne sont pas toujours des moyens d'emprisonner des cadres volatiles, comme on le considère souvent, mais ils les autorisent à devenir – ou à se sentir – riches et privilégiés tout en les conduisant à rester fidèles.

Au salaire de départ, il convient d'ajouter, autant que faire se peut, des primes d'objectifs, un bonus de fin d'année, des primes d'intéressement aux résultats (ou au chiffre d'affaires, ou à la marge brute), des indemnités de fin de carrière ou de départ – quelle qu'en soit la raison. Les grands groupes ayant souvent une activité purement financière basée sur l'investissement des flux dégagés par elle-même et par les opérations d'investissement ou de désengagement, les profits pouvant ainsi être autofécondés, le plus intéressant consisterait à négocier un intéressement aux résultats et un bonus sur les opérations particulièrement prestigieuses et exceptionnelles, en général réalisées dans l'année. Ce peut être par exemple une fusion-absorption de société, ou encore la revente par appartements d'actifs, ou un désinvestissement dégageant des plus-values importantes non récurrentes. Le bonus sur de telles opérations permet ainsi, parfois, de doubler, voire de tripler son salaire l'année où elles ont lieu, mais il faut alors y avoir participé.

Il s'agit là d'accessoires classiques, mais il en existe d'autres, assez nouveaux en France, qui, cependant, sont plutôt réservés aux cadres dirigeants de groupes internationaux qu'aux collaborateurs de petites et moyennes entreprises. Ils ne vous seront donc vraisemblablement pas proposés spontanément, mais rien ne vous empêche, surtout si vous avez été « chassé », de les solliciter au moment de la négociation. Vous pouvez tout d'abord espérer une prime de bienvenue. Appelée aussi *golden hello* ou encore *sign-up bonus* (la majorité des produits d'appel à l'embauche sont issus de l'imagination des entrepreneurs anglo-saxons...), cette somme forfaitaire, qui dépasse dans certains cas les cent mille francs, vous est versée une fois pour toutes, simplement parce que vous intégrez l'entreprise. En outre, une « prime de rideau » peut vous être proposée, qui est offerte au nouveau venu que l'on délocalise et qui, par là même, se retrouve séparé de sa famille. La « prime de rideau » est encore peu pratiquée en France, mais le *golden hello* commence à nous arriver. Moins original, mais plus célèbre, reste le

« parachute en or » (*golden parachute*), qui prévoit le versement d'une somme forfaitaire au collaborateur dont la société aura décidé de se séparer.

Enfin, pour éviter une trop grande instabilité de cadres très spécialisés dans une niche d'activité, les sociétés offrent également un bonus de fidélité (*stay bonus*) au collaborateur en formation, donc non encore engagé définitivement, s'il accepte de rester au moins deux ans dans l'entreprise.

Un excellent moyen de se constituer un capital et de créer un patrimoine en tant que salarié est de souscrire un contrat d'expatriation. Si vous acceptez de travailler à l'étranger pour un groupe international implanté dans plusieurs pays du monde, vous recevrez une rémunération élevée, ainsi que des primes d'expatriation en grande partie défiscalisées ; en outre, vous bénéficierez de frais de résidence entièrement pris en charge par le siège ; l'ensemble devrait vous permettre d'épargner suffisamment pour être en mesure d'investir en France... ou de dépenser pour votre plaisir si vous privilégiez la jouissance à la prudence : tout dépendra de votre rapport personnel à l'argent. À titre d'exemple, voici le cas d'un banquier qui a fait toute sa carrière dans les pays du Moyen-Orient et de l'Asie du Sud-Est. Cet homme est directeur d'une banque et, à fonctions égales, son salaire est pratiquement le double de celui qu'il percevrait en France. De plus, tous ses frais sont payés : sa résidence, ses employés de maison, sa voiture, ses frais de représentation. Il est pratiquement en mesure, quand il revient en France, d'acquérir un actif immobilier tous les deux ans.

Le cas des stock-options

Les stock-options permettent aux salariés de tous niveaux de participer au capital et de devenir actionnaires de leur société si celle-ci est cotée en bourse. Une stock-option, c'est le droit attribué à un salarié d'acheter une action de son entreprise à un cours déterminé (le prix d'exercice) dans un délai donné qui est généralement, selon l'usage français, de trois à cinq ans. Il lève l'option lorsqu'il achète l'action au cours préfixé. Dans la majorité des cas, le nouvel actionnaire revend son action immédiatement après avoir levé l'option, en encaissant la plus-value représentée par la différence entre le cours de bourse supérieur et le prix d'exercice.

Il s'agit d'une fortune virtuelle aussi longtemps que les bénéficiaires n'ont pas levé leurs options et revendu leurs actions avec un bénéfice. Dans l'hypothèse où les cours baissent, la richesse peut ne jamais devenir réelle ; et pourtant, les salariés détenteurs d'options prétendent « peser » tant de millions de francs grâce à cet avantage.

C'est pourquoi se sont créées des sociétés de services spécialisées, souvent départements de grandes institutions financières, qui s'activent dans la gestion de la richesse émergente des salariés détenteurs de stock-options, ceux-ci pouvant souffrir de revenus jugés insuffisants alors qu'ils disposent de plus-values potentielles importantes.

Les stock-options restent parfois, pour les collaborateurs qui en disposent, un supposé piège d'enfermement dans leur entreprise, dans la mesure où ils ne peuvent théoriquement la quitter jusqu'à ce qu'ils les lèvent et si leur exercice est assujetti à leur activité dans la société. C'est un cas cependant rare, car même les collaborateurs licenciés et/ou démissionnaires peuvent librement conserver leurs stock-options dans la majorité des cas et les exercer quelques années plus tard. L'environnement sociologique du travail fait qu'une entreprise ne peut retenir à vie des cadres désireux de mobilité. C'est ce qui s'est passé avec plusieurs dirigeants de Microsoft qui ont simultanément levé leurs options, cédé leurs titres et démissionné.

En France, la fiscalité assortie aux stock-options a donné lieu à de nombreuses batailles et polémiques parlementaires. Elle est un aspect important de cet avantage social. En l'état actuel de la législation, les salariés qui bénéficient d'options sur actions sont taxés en moyenne à un taux qui oscille entre 40 et 50 % alors que les dirigeants fondateurs d'une société cotée, s'ils vendent leurs actions en Bourse, ne sont fiscalisés qu'à 26 %. Le taux d'imposition dépend du délai entre l'attribution des stock-options, l'exercice de la levée, et la revente en Bourse. S'il s'agit d'une année seulement, la fiscalité est de 67 % en France (si la plus-value est supérieure à un million de francs), contre par exemple 12,5 % forfaitairement en Italie. Si le délai est prorogé à cinq ans, le taux descend environ à 40 %, ce qui est la norme habituelle française. Et si l'on attend cinq ans après l'attribution, puis trois ans pour la revente des titres, le taux officiel français descend à une moyenne de 31,8 %. L'exercice des stock-options est donc toujours possible ; il s'agit simplement de demeurer vigilant quant aux taux d'imposition, donc aux délais nécessaires de détention.

Les stock-options continuent d'être en Occident un moyen rêvé d'accès à la richesse dans le salariat. Pour l'année 1999, le montant de la plus-value potentielle attachée aux plans atteignait 83,7 milliards de francs, soit 12,76 milliards d'euros. Et surtout, ce qui est le plus intéressant peut-être, le montant des plus-values encaissées par les salariés avait plus que quadruplé, pour atteindre 16,9 milliards de francs, soit 2,57 milliards d'euros. Quand on évoque le rêve, il est vrai que le montant de l'enveloppe de stock-options avec laquelle l'ex-président de Elf, Philippe Jaffré, a quitté son groupe, peut alimenter les songes de richesse de tout un chacun : « Cet homme vaut-il deux cents millions de francs ? », ont titré les magazines de l'époque...

Il existe d'autres formes que les stock-options pour accéder au capital d'une entreprise dont on est salarié, notamment quand la société n'est pas cotée en Bourse. Au moment de la négociation d'entrée, il peut être proposé des souscriptions d'actions à un tarif préférentiel, éventuellement financées par un institutionnel, ou l'attribution gratuite d'actions en fin d'année, comme un bonus ou une prime. Dans certaines jeunes entreprises de la nouvelle économie, sont créées des sociétés à forme de capital variable dont les salariés deviennent actionnaires dès leur engagement. Ils n'en sont que plus motivés par le développement de l'entreprise et y voient le moyen de devenir capitalistes et d'accumuler une épargne à long terme.

Accéder au capital des entreprises, que ce soit par voie de stock-options ou par souscription d'actions à l'entrée, est un moyen de réaliser le vieux rêve de devenir capitaliste. Selon *Le Monde* du 25 mai 2000, 42 % de deux cents entreprises françaises interrogées, de plus de cinq cents salariés, cotées ou non, disposeraient d'un actionnariat salarié et ces collaborateurs détiendraient 7 % du capital des sociétés. Ce qui prouve que les salariés détiennent maintenant un vrai pouvoir d'actionnaires qui représente une contre-puissance par rapport à celle des détenteurs d'actions traditionnels ainsi que des institutionnels.

Pour les salariés qui en sont au niveau de la richesse virtuelle et qui n'ont pas encore pu bénéficier de sommes importantes accessoires au contrat de travail, il convient de ne pas oublier d'accumuler et d'épargner ce qui partiellement a été gagné et engrangé, car les retournements de conjoncture actuels sont extrêmement rapides et brutaux, comme celui des années 1990-1992 où les jeunes diplômés avaient les plus grandes difficultés à trouver un emploi, après les années 1980 où ils avaient été cousus d'or et appâtés par des entreprises fort généreuses en plein essor. Le retournement de la Bourse sur les entreprises de la nouvelle économie au cours de l'année 2000 en est un autre exemple. Le dernier facteur de danger pour les salariés réside dans la course irrépressible au profit. Malgré les hausses de cours de Bourse de certaines entreprises, mais dans le souci d'une rentabilité croissante et d'une productivité améliorée, divers groupes pourtant largement bénéficiaires décident de supprimer des emplois par centaines ou par milliers. On l'a vu en l'an 2000 avec les licenciements chez Michelin, ou chez Dunlop à la suite de la fusion Sumitomo-Goodyear. La sécurité d'emploi n'existe pas face à la recherche de bénéfices pour les actionnaires.

Malgré les écueils, devenir riche en tant que salarié d'une entreprise paraît donc possible grâce à la large panoplie d'annexes – fort rémunératrices – au contrat de travail.

Créer son entreprise

Dans l'espace économique international occidental, les citoyens revendiquent et parfois exigent la liberté de créer et de s'enrichir. Le plus sûr moyen pour devenir fortuné et constituer un capital négociable est encore de fonder sa propre société. Les exemples de réussite recouvrent tous les domaines de l'activité, qu'il s'agisse de l'hôtellerie, du tourisme, des services, de la production de spectacles, de la fabrication de casseroles, jetons de casino et cartes à jouer, de la publicité, de l'immobilier, de la santé, de la haute couture et du prêt-à-porter, de la grande distribution, et plus récemment de l'informatique. Au départ, le futur chef d'entreprise doit avoir une ou des idées qu'il pourra développer commercialement, dans un premier stade sur un plan domestique et ultérieurement à l'international. En France, il réunira des fonds relativement modestes dans la législation actuelle pour constituer une société commerciale, soit sous forme de société à responsabilité limitée (SARL), au capital minimum de cinquante mille francs, soit sous forme d'une société anonyme (SA), au capital minimum de deux cent cinquante mille francs.

Le capital de base de ces entreprises créées est apporté par un nombre requis d'actionnaires et porteurs de parts, trois au moins dans le cadre de la SARL, et sept dans celui de la SA. La législation est différente pour la création des sociétés civiles immobilières (SCI) qui acquièrent des actifs immobiliers généralement financés par emprunts.

Le nouvel entrepreneur se souviendra que la maîtrise de sa société et l'exercice de son pouvoir, donc l'édification de sa future fortune, passent par la détention de la majorité du capital des sociétés commerciales (plus de 50 %), ou *a minima* de la minorité dite de blocage, soit plus de 25 % dans une SARL, et plus de 33,33 % dans une SA.

La croissance d'une société suppose des investissements permanents. Soit l'entreprise peut apporter elle-même les moyens nécessaires grâce à l'autofinancement généré par les bénéfices de son activité, soit elle procède à une augmentation de capital souscrite par les actionnaires fondateurs ou par de nouveaux investisseurs extérieurs qui risquent d'entraîner pour les premiers une dilution du capital et donc un moindre pouvoir, soit elle a recours aux emprunts.

Avant de procéder aux lancements commerciaux nécessaires et à la création d'une équipe de vente pour gagner ses cibles de clientèle, le chef d'entreprise aura protégé ses produits, ses prototypes et ses services par des brevets et des dépôts de marques. Il engendrera du chiffre d'affaires par les ventes nationales d'abord et progressera à l'étranger avec une stratégie délibérée prenant en compte les impératifs des marchés locaux. La croissance externe par acquisitions ne pourra intervenir qu'ensuite, en donnant une vraie ampleur à l'ensemble des activités primaires.

L'une des possibilités de développement d'une entreprise est de créer un réseau de franchisés qui verseront à la maison mère un droit d'accès au réseau, puis des royalties sur le chiffre d'affaires pour l'exploitation du concept de la marque. La franchise est en général réservée à la distribution au grand public et à la consommation.

Créer son entreprise, la gérer et la développer de façon satisfaisante tout en conservant la maîtrise du capital est une tâche ardue qui demande beaucoup de sacrifices sur le plan du temps et de l'engagement personnel, ainsi qu'une surveillance constante des coûts, des charges salariales et du montant des investissements pour préserver son indépendance. La majorité des chefs d'entreprise fondateurs ne se versent pas de salaire très élevé, voire n'en prélèvent pas, de façon à économiser les frais de structure fixes du début, en donnant l'exemple.

Après quelques années d'exercice – quelques mois dans la nouvelle économie –, l'entrepreneur peut espérer devenir riche ou faire fortune en revendant l'intégralité de la société à un groupe extérieur, ou en ouvrant partiellement le capital à des investisseurs, personnes physiques, industriels, fonds et sociétés d'investissement, ou enfin, respectant certaines normes réglementaires très précises, en s'introduisant en Bourse.

Certains entrepreneurs n'ont pas le goût de fonder une société à partir de zéro. S'ils sont ex-salariés partis d'un groupe avec un parachute doré, de l'ordre, raisonnablement, de un million de francs au minimun, ils peuvent préférer prendre une position prépondérante dans le capital d'une PME, et y tenir un rôle de direction générale, au moyen d'une opération dite en *leverage buy out*, en levant des capitaux par effet de levier auprès de financiers spécialisés. Dans ce schéma, ils ne détiendront pas la totalité des actions, mais la société sera cependant la leur en termes de croissance et d'action.

Les start-up

Lancer une start-up, c'est faire se rencontrer les entrepreneurs, c'est-à-dire ceux qui ont les idées, et les financiers, ceux qui ont de l'argent, *business angels* (investisseurs providentiels) souvent individuels, et sociétés de capital risque.

Les sociétés créées en start-up sont liées à la nouvelle économie, en principe sur Internet, mais non pas exclusivement. Elles peuvent théoriquement recouvrir n'importe quelle activité à la seule condition qu'elles se situent sur un marché porteur, innovant et original.

Les secteurs privilégiés en sont actuellement la haute technologie, les logiciels informatiques, les sites Internet, la télécommunication, les bio-technologies et la santé, la distribution spécialisée et l'environnement.

Le profil type des entrepreneurs lançant une start-up est celui d'un homme ou d'une femme jeune, de vingt-cinq à trente-cinq ans, ayant effectué des études supérieures et ayant été salarié, à 90 %

des cas, donc ayant eu une expérience dans l'entreprise.

Pour fonder une start-up, on crée une petite structure juridique commerciale, de préférence sous forme de SA pour préserver l'avenir, avec un capital minimum, et l'on protège, autant que faire se peut, les prototypes et les produits à diffuser en déposant marques et brevets. Dans un premier stade, le jeune entrepreneur fait appel aux capitaux de la famille, de ses proches et de ses relations professionnelles pour recueillir les fonds nécessaires au lancement de la société et aux premiers mois de fonctionnement, de l'ordre de cinq cent mille francs (76 225 euros) à un million de francs (152 449 euros).

Dans un deuxième stade, pour donner de l'amplitude à sa société, il est nécessaire de recourir aux *business angels* qui apportent entre un et cinq millions de francs (soit 762 245 euros) au vu du business plan et des prévisions. Ils injecteront ces montants en contrepartie d'une participation de quelque 20 % au capital.

Pour atteindre le stade supérieur, il est indispensable de faire appel à des fonds de capital-risque, soit directement, soit par l'intermédiaire de sociétés spécialisées dans la levée de capitaux, ou des *business angels* qui en ont déjà l'expérience. Ces fonds apporteront à la start-up dix millions de francs (soit 1 524 490 euros), voire davantage. Mais en contrepartie, la participation de l'entrepreneur premier deviendra minoritaire et descendra à quelque 30 %. En fait, le contrôle de la société en capital ne pourra que diminuer au gré du temps et des investissements effectués par les nouveaux actionnaires extérieurs.

Grâce aux sociétés de capital-risque et à tous les investisseurs, grâce à la réalisation du business plan, la start-up pourra devenir une importante entreprise susceptible d'être cédée majoritairement ou introduite en Bourse. Ces opérations financières de désengagement partiel sont source de fortune pour bien des créateurs, comme l'ont prouvé des expériences retentissantes au cours des dernières années.

Si vous voulez lancer une start-up, notamment sur Internet, ne soyez pas trop sensible aux sirènes médiatiques et aux fluctuations des états d'âme des investisseurs qui varient pratiquement de mois en mois ou en tout cas de trimestre en trimestre, suivant les retournements de la Bourse. En ce moment précis, il vous faudra un moral d'acier, car depuis les faillites en cascade des sociétés d'Internet en Europe et aux États-Unis en 2000, les sociétés de capital-risque et même les *business angels* sont très hésitants, d'autant plus que les analystes de l'indice américain de la nouvelle technologie, le Nasdaq, annoncent des faillites retentissantes aux États-Unis dans ce secteur pour les prochains mois. Mais sachez que l'on peut encore trouver des investisseurs pour tout lancement de nouvelles sociétés, à condition que vos idées soient bien protégées, qu'elles ne soient pas copiées ou pas susceptibles de l'être dans un délai trop rapide et que vous ne surinvestissiez pas en matériel et en hommes au cours des deux premières années.

Il reste que les fondateurs de start-up, sur Internet ou dans d'autres domaines d'activité, ont pu engranger des richesses significatives dans des délais relativement rapides. La prudence est de mise, mais il existe toujours des investisseurs individuels ou institutionnels pour lesquels l'optimisme est une caractéristique principale et qui aiment investir dans des start-up parce qu'ils apprécient de prendre des risques qui leur ont déjà rapporté gros.

La saga des conglomérats

Les conglomérats sont des groupes établis à l'échelle planétaire par un ensemble de sociétés créées et acquises successivement à partir d'un noyau d'entreprises d'origine nationale. Le ciment en est non pas l'activité industrielle première, mais la finance. Ceux qui ont fondé ou parfois hérité le pôle premier à partir duquel se constitue l'empire, comme un puzzle ou un kaléidoscope, deviennent des patrons célèbres, des bâtisseurs, souvent prédateurs, réputés froids, systématiques et soi-disant sans scrupules ; ils seraient animés par l'instinct de conquête et de puissance à tout prix, au-delà du désir de fortune premier et de la possession du milliard de plus.

Le conglomérat se constitue par voie de fusions et acquisitions qui représentent l'activité essentielle des banques d'affaires internationales.

Les fusions permettent le rapprochement de groupes de même activité ou de domaine voisin et entraînent la concentration des grandes entreprises de tous secteurs ; les plus fameuses d'entre elles, ces derniers temps, ont été réalisées dans les domaines de la communication, des banques, de la pharmacie, de la chimie, du tourisme, du transport et de l'automobile.

Il y a des fusions ratées lorsque les autorités de la concurrence mettent leur veto à l'opération en raison d'une position dominante économique qui serait ainsi attribuée à l'absorbant, ou lorsque les actionnaires la refusent, ou en cas de désaccord entre les dirigeants des groupes qui doivent se marier.

Il n'en reste pas moins que l'économie mondiale est menée depuis plus de dix ans par ce qu'on a appelé le « bal des fusions-acquisitions », avec un niveau record en 1999 d'un montant de 3 160 milliards de dollars. Nous vivons dans l'ère des méga-fusions qui s'effectuent de plus en plus par voie d'opérations hostiles et non plus amicales, et par le biais d'offres publiques d'échanges d'actions (OPE). La plus grande fusion de l'histoire a été représentée au début de l'année 2000 par la prise de contrôle, par America Online (AOL), le premier fournisseur d'accès à Internet au monde, du numéro un mondial de la communication, Time Warner, pour un montant de 280 milliards de dollars. Si les sommes énoncées paraissent abstraites tant elles sont énormes, elles peuvent se transformer en fortunes tangibles pour les actionnaires individuels qui bénéficient de l'opération, à l'exemple de Ted Turner, numéro deux de Time Warner et son plus gros actionnaire, qui en aurait retiré un profit personnel de trois milliards de dollars.

Le conglomérat se bâtit le plus souvent sur une période de dix à quinze ans, au moyen d'acquisitions successives de sociétés dans un domaine déterminé, proche de l'activité première, ou résolument extérieur, dans le cadre d'une politique systématique de diversification, par l'absorption d'entreprises d'autres secteurs.

La fondation du conglomérat suppose, dans la majorité des cas, la création d'entités holding successives, prenant le contrôle de préférence à 51 % de sociétés opérationnelles, le tout s'emboîtant comme des poupées russes et schématisé par des organigrammes assimilés souvent à des « usines à gaz ».

La holding de tête doit rester contrôlée en capital par le fondateur du groupe ou ses proches s'il entend rester le maître de l'empire. Il convient de signaler que ces holding familiales ne sont pas toujours en Bourse, afin d'éviter un raid et de permettre à leurs actionnaires de bien contrôler leur royaume sans intervention extérieure. Ainsi, le géant allemand de la communication Bertelsmann n'est pas coté et son capital reste détenu par la famille du fondateur.

Pour comprendre comment s'édifie un conglomérat, on peut examiner le modèle donné par la constitution du leader mondial de la communication globale, de conseil en marketing et en publicité, WPP-Young and Rubicam, dont le principal actionnaire et fondateur est Martin Sorrel. Diplômé de la Harvard Business School, il a d'abord eu une expérience professionnelle dans le monde de la publicité qu'il a découvert comme son domaine privilégié d'intervention, mais dans le secteur de la finance. Martin Sorrel va édifier son empire à partir du rachat d'une coquille vide de fils et plastiques, WPP, cotée en Bourse, qui réalisera des absorptions successives dans la publicité, dont Walter Thompson et Ogilvy and Mather. Son expérience financière va lui permettre de profiter de la déconfiture boursière de Young and Rubicam, à la fin de l'année 1999 et au début de l'année 2000, la chute des cours lui permettant d'en prendre le contrôle.

En ce qui concerne la France, deux exemples types, parmi les plus célèbres, d'édification de groupes mondiaux, sont fournis par les réussites de François Pinault et Bernard Arnault.

François Pinault, qui se targue de n'avoir aucun titre universitaire, a créé en 1963 une société locale de négoce à partir de laquelle il a procédé à des acquisitions successives, d'abord dans le domaine premier du bois, puis dans celui de la distribution, notamment en faisant l'acquisition de la CFAO et du groupe Printemps Redoute, puis de la Fnac. Son conglomérat se complète sans arrêt, par voie de diversification, dans les domaines de la communication, du luxe, de l'immobilier, des ventes aux enchères et de vignobles. Son groupe Pinault Printemps Redoute (PPR) est maintenant leader de la distribution spécialisée. La fortune privée de François Pinault serait estimée à soixante-dix milliards de francs, soit quelques 10,67 milliards d'euros.

Le groupe leader mondial du luxe, LVMH, a été fondé et est dirigé par Bernard Arnault, polytechnicien, qui s'est introduit dans ce domaine par la prise de contrôle de Boussac Saint-Frères et de Christian Dior, en 1984. Lui aussi s'est essentiellement développé par prises de contrôle, notamment de Louis Vuitton Mouët-Hennessy, LVMH, dont il est le premier actionnaire et le PDG depuis 1989. Il ne cesse de développer son empire par acquisitions successives, à l'échelle mondiale, notamment dans le domaine du luxe. Sa fortune personnelle serait estimée dans une fourchette de soixante-cinq à soixante-dix milliards de francs, soit une moyenne de 10,29 milliards d'euros.

La construction de tels empires s'effectue avec l'appui d'institutions financières internationales et recouvre une guerre sans merci entre les dirigeants et actionnaires de groupes rivaux, ceux dont on veut prendre le contrôle et ceux qui veulent vous absorber.

Être patron d'un groupe et le rester n'est pas de tout repos et personne n'est à l'abri des raiders et des nouveaux flibustiers de la finance qui traquent pour leur compte et celui d'associés les sociétés susceptibles de tomber sous le coup d'une OPA ou d'une OPE. Les avocats spécialisés et les banques d'affaires s'emploient à fournir des armes destinées à protéger leurs clients dans le cas d'attaques amicales ou hostiles.

Les super-riches à l'échelle planétaire ne sont pas encore légion et les montants de leurs fortunes sont difficilement représentables, ce qui les place plutôt au rang de figures mythiques qu'on ne saurait égaler. Plus accessibles et proches de nous sont les fortunes de la nouvelle économie, forgées par des entrepreneurs sur une période d'environ cinq ans et se chiffrant à quelque cent millions de francs en moyenne, soit 15,25 millions d'euros. Ce sont eux que veulent égaler les jeunes créateurs de start-up ou de PME.

CHAPITRE VII

Devenir riche en investissant et en spéculant

> « Eh bien ! Sans la spéculation, on ne ferait pas d'affaires, ma chère amie... Pourquoi diable voulez-vous que je sorte mon argent, que je risque ma fortune, si vous ne me promettez pas une jouissance extraordinaire, un brusque bonheur qui m'ouvre le ciel ? [...] Avec la rémunération légitime et médiocre du travail, le sage équilibre des transactions quotidiennes, c'est un désert d'une platitude extrême que l'existence, un marais où toutes les forces dorment et croupissent ; tandis que violemment vous faites flamber un rêve à l'horizon, promettez qu'avec un sou, on en gagnera cent [...] ; et la course commence, les énergies sont décuplées. »
>
> Émile ZOLA

Les gestionnaires de patrimoines offraient traditionnellement et proposent encore dans certains cas aux épargnants et détenteurs d'une certaine fortune, une répartition prudente et judicieuse de leurs avoirs entre différentes catégories d'investissements, de façon à leur assurer une division des risques. L'échelle de produits offerts était très large, entre l'immobilier, les forêts, les actions, les obligations, les produits d'assurance-vie, les œuvres d'art et, à certaines époques, les matières premières alimentaires faisant l'objet de transactions à la Bourse de commerce de Paris (aujourd'hui disparue), les containers, la numismatique...

Ces méthodes de gestion de fortune ont encore cours, mais sont plutôt le fait de décisions personnelles des investisseurs. Publiquement et médiatiquement, nous sommes entrés dans une ère de spéculation forcenée, avec, comme injonction générale : « Devenez riche. »

Spéculer financièrement consiste à profiter des fluctuations naturelles du marché boursier afin de réaliser un profit. La Bourse est devenue le temple du rêve, accessible à tous à domicile grâce à Internet, avec des mises de fonds relativement modestes.

Au cours des dernières années, se sont multipliés les clubs d'investissement créés par des personnes physiques qui répondent à certaines règles de fonctionnement assez simples. Ils comprennent cinq membres au moins, qui versent chacun au maximum trois mille francs par mois et qui gèrent ensemble leurs investissements boursiers. L'aspect collectif de ces clubs permet un échange de réflexions et d'informations tout en autorisant l'assouvissement du goût pour le jeu, comme à une table de casino, dans l'espoir d'un gain mirifique ou substanciel.

La rapidité et la facilité des opérations sur Internet a drainé vers la Bourse en direct, appelée bourse « on line », toute une population de nouveaux actionnaires et investisseurs qui ne se sentaient pas autorisés à y accéder précédemment, rebutés par le poids des établissements agréés et la solennité ressentie des démarches à accomplir auprès des banques, institutions financières et sociétés de bourse.

Si les investisseurs en Bourse sont restés encore fidèles en majorité à leurs gestionnaires traditionnels, l'importance des courtiers en ligne sur Internet ne cesse de croître : c'est ainsi que 23 % des ordres à la Bourse de Paris sont maintenant réalisés par eux. Ils séduisent un public ancien et nouveau en ôtant tout complexe vis-à-vis de la fortune facile, immédiate, détachée ainsi de la notion de travail dans l'entreprise. Devenir riche, c'est facile : il suffit de cliquer sur le web.

La Bourse est devenue magique, reprenant l'étonnement de Touiavii, chef de tribu du Sud Pacifique, qui avait déclaré à son retour d'un voyage en Allemagne au début du XXe siècle : « Beaucoup de Blancs amassent l'argent gagné pour eux par d'autres, le déposent dans un endroit bien surveillé, en amènent toujours plus jusqu'à ce qu'un jour, ils n'aient plus besoin de faire travailler d'autres pour eux, l'argent travaillant à leur place [...] Je ne suis jamais parvenu à savoir comment cela pouvait être possible sans magie noire, tout se passe pourtant bien ainsi, l'argent se multiplie comme les feuilles d'un arbre et l'homme s'enrichit même quand il dort. »

Les courtiers en ligne ont ouvert plus de cent soixante mille comptes clients en cinq ans, qu'il s'agisse d'épargnants leur transférant tout ou partie de lignes de titres ouverts dans un établissement financier « pour jouer, pour voir », de boursicoteurs traditionnels, ou surtout d'un public plus jeune appâté par le thème de la spéculation à portée de main.

Certains courtiers sélectionnent leurs clients en sollicitant un dépôt minimum de l'ordre de cent mille francs (environ 15 245 euros). Mais d'autres ne demandent que quelques milliers de francs pour ouvrir un compte. Certains même n'exigent aucun versement de départ. L'entrée est généralement gratuite.

Le choix du *broker on line* s'effectue donc souvent au premier abord en fonction de la facilité d'accès et l'on peut même maintenant ouvrir des comptes en faisant son marché dans les rayons d'hypermarchés où certaines agences de courtage se sont récemment ouvertes.

Préalablement à l'ouverture d'un compte chez ces nouveaux intermédiaires, il serait judicieux de pratiquer une étude comparative des tarifs qu'ils pratiquent, les droits de garde et les frais de courtage étant variables selon les montants et les nombres de transactions effectués. Les courtiers pratiquent une guerre féroce de tarifs pour appâter les clients et prétendent souvent que leurs coûts de gestion sont très inférieurs à ceux des institutions traditionnelles. C'est ainsi qu'un broker affichait sur les murs de Paris, au cours de l'été 2000 : « La Bourse *on line* c'est facile, on gagne de l'argent et c'est quatre fois moins cher qu'une banque. » Il appartient donc au candidat client d'examiner soigneusement, préalablement à l'entrée en relation, les forfaits, commissions et droits qui lui seront appliqués, avec une attention particulière s'ils s'affichent hors taxes ou toutes taxes comprises, la différence étant de 19,60 % sur les services pratiqués.

Un deuxième critère prudent du choix de son courtier *on line* porte sur le rôle pédagogique qu'il doit assurer auprès du débutant. Certains brokers proposent une formation de base sur la Bourse à domicile, des séminaires d'information, ainsi qu'une documentation financière utilisable sur les sociétés, des outils d'analyse graphique sur l'environnement et des accès aux cours en temps réel.

Il vous sera donc utile au départ d'apprécier les services rendus par le *broker on line* au regard des frais et des commissions prélevés, en les comparant à ceux que vous offrent les institutions financières traditionnelles.

La Bourse *on line* n'est pas dénuée de dangers pour les néophytes puisqu'on peut y investir à crédit.

Certains courtiers proposent en premier lieu un prêt au nouveau client pour la mise de fonds initiale. Parallèlement, les candidats boursiers souscrivent de plus en plus fréquemment des crédits à la consommation pour investir en Bourse, ce qui a d'ailleurs inquiété la Banque de France qui lance des avertissements à la prudence devant cette frénésie de spéculation conduisant à l'endettement.

Le risque le plus important réside dans les placements avec effet de levier, certains courtiers autorisant une mise de 1, parfois financée par emprunt, pour un investissement de 5, le plus généralement de 1 à 2 pour les obligations et de 1 à 3 pour les actions ; ce qui veut dire qu'on investit 1 et qu'on joue sur 2, 3, 4, ou 5, tout en étant engagé sur ces derniers chiffres.

Ces opérations financières avec effet de levier sont dangereuses en cas de baisse des titres, car les traders peuvent procéder à des appels de marges en cas de fluctuation des cours si le niveau de la couverture est franchi. Le courtier réclame alors le versement quasi immédiat de la marge, c'est-à-dire de la différence, et peut contraindre le client à une vente à perte non seulement sur ses fonds propres, mais également sur les sommes prêtées.

L'un des moyens de se prémunir contre ces cessions à perte est de savoir attendre une nouvelle fluctuation à la hausse, donc de détenir la couverture personnelle nécessaire. La modalité la plus efficace consiste à passer des ordres d'origine avec stop loss en limitant le risque de baisse à un plancher chiffré, ce que certains brokers proposent maintenant systématiquement.

Dans la réglementation française actuelle, c'est le Service de règlement différé (SRD), créé à la fin de septembre 2000 en remplacement du Marché à règlement mensuel (RM), qui autorise la mise en place d'effets de levier dans les investissements boursiers. Comme dans le cadre du RM, il s'agit encore de Bourse à crédit puisque le SRD permet d'acquérir un certain nombre de valeurs de la cote avec un paiement différé si l'investisseur le demande et la prorogation à volonté de la position d'un mois sur l'autre, dans les deux cas en réglant une commission au courtier.

Les coûts sont relativement élevés, sauf une gratuité fréquente dans le cas d'allers et retours dans la journée. La commission de règlement différé atteint quelque 0,5 % s'il s'agit d'une opération mensuelle.

À celle-ci s'ajoutent, le cas échéant, des frais de prorogation d'un mois sur l'autre ; ils sont de l'ordre de 0,40 %. Il convient d'interroger son courtier sur les grilles tarifaires qu'il pratique, sachant que certains proposent des frais au jour le jour et d'autres des forfaits.

Il est certain que la Bourse, *on line* ou traditionnelle permet de s'enrichir à la condition qu'on y fasse rentrer le facteur temps et qu'on puisse attendre une éventuelle remontée des cours après une baisse nocive ou un marasme durable, tout en surveillant les frais, les couvertures requises, et en limitant les pertes éventuelles.

La Bourse devient une véritable activité consommatrice de temps et d'énergie ; c'est un travail, car on ne s'enrichit pas seulement en dormant.

Certains particuliers ont décidé que leur activité quotidienne consisterait à jouer en Bourse directement sur écran et sans intermédiaires. Ils sont appelés les *day traders*, ou négociants au jour le jour. Ils se rendent dans des salles de marché privées ouvertes pour eux telle que celle existant à La Défense à Paris, ou investissent depuis leur écran à domicile. Ils spéculent sur toutes les catégories de titres, actions, obligations, futures (valeurs à terme), fonds communs de placement, fonds à risques, etc., sur lesquels ils ont particulièrement travaillé et qu'ils favorisent personnellement. Ces faiseurs d'argent, qui ne produisent aucun bien, mais qui fabriquent des valeurs avec de l'argent abstrait et totalement dématérialisé, déclarent qu'ils initient, anticipent et jouent toute la journée comme à une table de casino, en avouant aussi qu'ils agissent souvent pour perdre. Ils ressemblent aux ludopathes puisqu'ils prennent des positions au jour le jour qu'ils doivent liquider, c'est-à-dire solder et régler avant la fin de la journée.

Certains déclarent qu'ils gagnent en moyenne vingt à vingt-cinq mille francs par mois (3 049 à 3 811 euros) et qu'ils peuvent de temps à autre, sur un « coup » exceptionnel, dégager des bénéfices de cent à cinq cent mille francs. Le plus généralement, ils refusent de chiffrer ce qu'ils ont gagné ou perdu en déclarant que c'est trop intime et que cela appartient à la vie privée. Ils conservent cette attitude vis-à-vis de leur famille en dissimulant soigneusement les risques qu'ils prennent et les pertes qu'ils peuvent engranger après une journée d'activité frénétique.

Relativement peu d'investisseurs privés font le choix d'être personnellement traders en intervenant directement en Bourse. C'est dangereux et il faut y consacrer temps et énergie dans une ambiance d'anxiété et d'excitation parfois douloureuses. La majorité des épargnants préfèrent adopter le système de la gestion institutionnelle à qui ils passent des ordres sur telle ou telle valeur boursière, ou qui gèrent leurs fonds par des instruments collectifs d'épargne (OPCVM) tels que Sicav et Fonds communs de placement (FCP).

Dans cette dernière catégorie, l'investisseur peut se réserver les sensations fortes de la spéculation en choisissant de placer une partie de ses avoirs dans de nouvelles catégories de FCP, telles que les Fonds communs de placement dans l'innovation (FCPI), ou dans des fonds purement indiciels, c'est-à-dire liés aux indices de marché, tels que le CAC 40, ou dans ceux de nouvelles technologies.

Les fonds les plus spéculatifs, dits alternatifs, ont été créés aux États-Unis. Ce sont les fonds vautours ou *hedge funds* (de *to hedge* : se couvrir). Ils rapportent de façon régulière de 10 à 20 % par an, nonobstant certains accidents tels que la faillite de LTCM en 1998 en raison de ses positions sur la Russie. Aux États-Unis, ces fonds peuvent investir dans toutes les valeurs financières, actions, obligations, taux d'intérêts, devises, matières premières... en utilisant des effets de levier. En France, la gestion alternative est soumise à des règles très sévères et les effets de levier sont interdits. Elle comprend notamment des fonds communs d'intervention sur les marchés à terme (FCIMT) et des fonds de fonds. La moitié environ des sommes disponibles doit être investie, pour des raisons de sécurité, en placements monétaires sans risques.

On peut donc s'enrichir en spéculant sur l'argent dématérialisé, soit directement en Bourse sur écran, soit par l'intermédiaire de *brokers* et d'institutions spécialisées qui vous donneront des avis et spéculeront à leur tour pour votre compte. L'argent appelle l'argent, mais à condition d'avoir réfléchi préalablement à ce qu'on recherche dans son maniement : la sécurité du gain, l'accroissement régulier de son patrimoine, le jack-pot ou le risque, le frisson et le jeu.

PETIT GLOSSAIRE DES OPÉRATIONS BOURSIÈRES

AMEX (*American Stock Exchange*). Département de la Bourse de New York regroupant des valeurs moyennes.

Appel de marge avec effet de levier. En cas de fluctuation à la baisse des valeurs et si la moins-value entraîne la passation sous la couverture, le courtier exige le versement de la différence (la marge) et oblige l'investisseur à vendre à perte en soldant sa position.

Bulle spéculative. Se trouve créée sur un marché boursier lorsque les cours sont très supérieurs aux valeurs théoriques attribuées aux titres par les professionnels. La bulle gonfle par les achats spéculatifs de titres dans l'attente de la poursuite de la hausse, qui ne saurait être infinie.

CAC 40. Indice phare de la Bourse de Paris comportant les quarante plus importantes valeurs françaises.

CECEI. Comité des établissements de crédit et entreprises d'investissements. Le CECEI est le censeur des établissements financiers français.

CMF (Conseil des marchés financiers). Régulateur de la Bourse de Paris. Il réglemente les marchés, surveille et agrée les sociétés d'investissement et approuve les opérations financières.

COB. Commission des opérations de Bourse, appelée aussi le « gendarme de la Bourse de

Paris ». Donne son visa aux opérations financières. Veille à la régularité des transactions, contrôle les informations fournies par les sociétés et transmet à la justice les dossiers susceptibles de sanctions pénales. Agrée les entreprises d'investissement. La COB a des pouvoirs très étendus.

Effet de levier. Prise de position supérieure à ses capacités d'investissement.

Footsie. Indice vedette de la Bourse de Londres, le FT 100, regroupant cent valeurs parmi les plus significatives.

Nasdaq. Marché électronique nord-américain réunissant quelque six mille entreprises à très forte croissance et important potentiel de développement.

Nikkei. Indice leader de la Bourse de Tokyo constitué de quelque deux cent-vingt-cinq titres.

NYSE (*New York Stock Exchange*). Principal marché de la Bourse de New York.

Opérations à découvert. Acheter et vendre des titres dans le même mois sans les avoir possédés.

Ordre de *stop loss*. Consiste à donner un niveau de vente inférieur au cours de l'action actuelle, c'est-à-dire à se couvrir à la baisse, en acceptant des pertes maximales limitées et chiffrées.

Report de mois en mois. Ne pas régler ses investissements en titres le jour de la liquidation, mais reporter sa position sur le mois suivant moyennant le versement d'un intérêt ou d'une commission.

Ventes à découvert. Céder des actions que l'on ne détient pas.

Warrants. Titres avec effet de levier pouvant être achetés à un prix fixé d'avance et pendant une période donnée. L'investisseur joue à une échéance précise une valeur ou un indice. Le warrant est négociable sur le marché.

CHAPITRE VIII

Être riche

Le syndrome de la richesse subite

Qu'on choisisse la voie de la fortune pour acquérir de la liberté et avoir accès aux biens du monde ou qu'elle vous échoit par hasard, par loterie ou par héritage, la richesse subite peut entraîner un syndrome psychologique fait d'un état de choc, de stupeur, de violente émotion et de culpabilité. Certains basculent dans la névrose et l'on dirait qu'ils deviennent fous d'argent.

Comme le pouvoir, l'accès soudain à la fortune transforme radicalement l'homme. Il se trouve devant tous les possibles : s'acheter tous les « jouets » dont il a envie, acquérir immédiatement, consommer, avoir l'impression de vivre enfin, ou croire en l'avenir, thésauriser et préparer sa retraite et sa succession d'autant plus qu'il aura le sentiment d'avoir manqué de moyens au cours de son existence antérieure.

Que font par exemple les personnes qui gagnent au Loto ? La plupart payent leurs dettes, s'offrent un long voyage, changent de voiture au retour et s'achètent un appartement et une résidence secondaire dans un lieu de rêve. Mais d'autres perdent tous leurs repères et décident brutalement de changer de vie, abandonnant leur conjoint, leur maison et leur activité professionnelle. Ils consacrent leurs gains à un mode de vie festif et convivial permanent qui les étourdit au point de les laisser au bout du compte globalement démunis.

Ce dernier comportement se retrouve chez divers héritiers qui « flambent » tout le patrimoine reçu du père pour se déculpabiliser ou ne rien devoir à quelque autorité que ce soit. C'est là une attitude quelque peu suicidaire, mais qui permettrait, aux dires de certains, de s'engager sur la voie d'une renaissance à l'état adulte.

Tout autre est l'attitude psychologique des nouveaux millionnaires en dollars de la Net économie. La fortune subite a touché aux États-Unis plusieurs dizaines de personnes par jour – une soixantaine dit-on – jusqu'au deuxième semestre 2000. En France, elle a atteint un nombre légèrement plus restreint d'êtres, jusqu'à la chute des valeurs du Net, en avril 2000. Mais les baisses boursières sont cycliques et les mouvements des marchés peuvent encore laisser espérer à de nombreux entrepreneurs l'accès à la richesse s'ils savent attendre un retournement à la hausse.

Les paramètres de la nouvelle économie n'ont rien à voir avec ceux de l'ancienne, car les fortunes y sont spectaculaires et particulièrement promptes. Par exemple, une entreprise s'introduit à la Bourse de Paris en 1999 avec un chiffre d'affaires relativement modeste de vingt millions de francs, mais avec des prévisions de chiffre d'affaires, pour l'année

2000, de cent millions de francs, puis de quatre cents millions de francs pour 2001, et un espoir de valorisation en 2002 de six cents millions de francs à un milliard de francs. Les actionnaires deviennent riches à due concurrence de la fraction du capital qu'ils détiennent. Sans être tous milliardaires en francs et encore moins en dollars, les entrepreneurs français sont relativement nombreux qui, après avoir créé et porté en Bourse une société de la Net économie, ont accumulé à titre personnel un patrimoine sur cinq ans de l'ordre de cent cinquante à deux cents millions de francs (de 22,87 millions à 30,49 millions d'euros). Ils sont en moyenne âgés de trente-cinq ans, et se pose alors pour eux la question de savoir que faire de leur vie. S'agit-il de jouir intensément de l'instant et de consommer à tout prix en exhibant la richesse, d'investir les sommes gagnées pour échapper au risque de manque dans l'avenir, ou de réinvestir dans de nouvelles activités si l'on a le goût d'entreprendre ?

La fortune subite peut en effet engendrer de l'anxiété et une perte de contact sensible avec la réalité. C'est pourquoi émerge aux États-Unis un nouveau type de consultants en psychologie : spécialisés dans le syndrome de la richesse subite, ils aident les riches à gérer leur nouvel état, à être fortunés, à le rester et à en être heureux si possible. Ils ont pour mission d'aider des familles entières à trouver de nouvelles références dans l'argent et à se construire une existence neuve. Leur soutien va jusqu'aux enfants à partir de dix ans, dont la majorité, à l'exemple des parents, jouent en Bourse sur des portefeuilles fictifs, à l'école ou en dehors. L'une des autres tâches que se sont fixés ces psychologues est de sensibiliser les nouveaux riches aux responsabilités qui accompagnent leur état et à les orienter vers une redistribution d'une partie de leurs biens vers le bien commun. Bref, il s'agit pour chacun de prendre de la distance vis-à-vis de l'argent.

Riches, contents et fiers de l'être

Le fait est nouveau. Depuis environ cinq ans, les riches commencent à dire et à montrer avec satisfaction qu'ils le sont lorsqu'ils ont fait fortune par eux-mêmes en créant leur propre entreprise ou leur empire. Aux États-Unis, il était admis d'étaler son capital et ses revenus, mais en Europe occidentale, les démons attachés à l'argent aboutissaient au fait qu'on les dissimulait soigneusement. Ces tabous tendent à disparaître progressivement.

Pendant longtemps, il fut de très mauvais ton de faire de l'argent pour l'argent, de l'exprimer et, surtout, de l'exhiber. L'argent était hérissé d'interdits révélateurs d'un système ancestral philosophique et religieux qui reposait sur le péché, et de problèmes intimes que sa détention ou son désir pouvaient provoquer chez l'individu. On déplorait donc la course à la richesse, l'ostentation, ou le souhait d'accumulation. On dissimulait le capital acquis, ou simplement son salaire, sa rémunération et ses honoraires, à l'encontre des coutumes anglo-saxonnes où l'on peut depuis longtemps se présenter en déclinant, à titre d'identité, son nom et ce que l'on vaut par le montant de ses avoirs.

Aujourd'hui, on peut avouer sans fard que l'on a

envie d'être riche et que l'on a choisi une activité professionnelle en fonction de ce désir, quelle qu'en soit la motivation intérieure. D'ailleurs, si vous avez fait fortune et si vous n'en indiquez pas vous-même le montant, les médias, qui répondent à la demande des lecteurs, se chargeront de publier vos rémunérations, stock-options, avantages divers, avoirs officiels et train de vie, tout en supputant votre patrimoine et le montant réel des transactions que vous avez effectuées. Pour donner des montants de fortune faite, les journaux se livrent parfois à de véritables enquêtes policières en procédant à des évaluations comparatives des montants de cessions dans le secteur, ou en multipliant simplement le nombre d'actions que vous détenez (ou que vous êtes supposé détenir) dans une société par le cours de Bourse, si votre affaire est cotée, à un jour donné, ou par l'estimation financière du titre, basée sur le *price earning ratio* (PER), qui est le rapport entre le cours et le bénéfice par action, d'entreprises comparables. Tout cela aboutit à un classement mondial et national des plus grandes fortunes, les riches et les super-riches occupant un rang numéroté en fonction de leur fortune officielle et de leur fortune latente. Les magazines américains *Fortune* et *Forbes* ont été les pionniers de ce type de publications, suivis en cela par toute la presse spécialisée européenne, qui publie notamment les « cent fortunes de l'année », sachant que la valeur du temps s'est considérablement rétrécie dans l'accessibilité à la richesse.

Le nouveau rêve étalé publiquement des jeunes et moins jeunes entrepreneurs qui ont des idées, est résolument de devenir riche, même si ce but est annoncé après le fait de vouloir travailler, créer quelque chose, se réaliser dans sa propre structure ou dans un groupe en croissance et très rémunérateur. Ils ajoutent sans vergogne qu'ils souhaitent accumuler des millions de dollars ou d'euros. Même si l'argent vient de surcroît, il demeure essentiel. Certains fuient l'Europe pour s'installer aux États-Unis ou en Grande-Bretagne, où le succès financier paraît moins entaché de suspicion ou de culpabilité. Quand on a engrangé son premier million de dollars ou d'euros, l'obsession dangereuse est d'accumuler toujours davantage dans un cycle sans fin. L'argent produit alors l'argent en spirale. Comme le dit une jeune femme millionnaire de la Silicon Valley, en Californie : « *How much is enough ?* », ce qui peut se traduire par : « Quel montant (de fortune) est suffisant pour qu'on s'arrête ? »

Selon ces critères neufs, l'activité entraînerait l'accession au pouvoir personnel, symbolisé par la fortune constituée sans complexes et sans honte au détriment cependant, parfois, de toute vie personnelle et affective. En attendant de se poser, fortune faite, et de passer à autre chose, les nouveaux riches consomment et le montrent, s'installent dans des habitats de rêve, circulent en avion privé, se reçoivent entre eux dans des fêtes de la jet-set ou dans des cocktails où l'on fait encore des affaires. Ils peuvent même dépenser l'argent acquis avec des consultants en relations affectives qui tenteront de les aider à trouver un épanouissement dans une vie privée qu'ils auront longtemps sacrifiée.

Les riches sont à la mode, même si certains peuvent qualifier d'arrogante et cynique l'exhibition de la fortune. Mais ce qui n'est plus caché est déjà un moindre péché. Il y a des fortunes admises par le public et d'autres qui choquent. Les enrichissements personnels ou provoqués par des détournements de fonds publics alertent profondément l'opinion, qui les rejette avec dégoût. En revanche, et depuis longtemps, le prix fort élevé des hommes dans la société du spectacle apparaît comme normal, même si les montants, en valeur absolue, sont tout à fait étonnants. Les cachets des vedettes de cinéma et les rémunérations des présentateurs de télévision sont régulièrement publiés par les médias spécialisés sans que personne en frémisse. Les sommets de valorisation des hommes sont atteints avec les grands sportifs, et notamment – même si de nouvelles règles sont en passe de ramener les choses à de plus justes proportions – par la cote des joueurs de football, représentée par les indemnités qui sont versées d'un club à l'autre à l'occasion du rachat d'une vedette. On se souvient du prix de transfert du joueur portuguais Luis Figo, du FC Barcelone au Real Madrid, pour quatre cents millions de francs (environ soixante et un millions d'euros), et celui de Nicolas Anelka, d'Arsenal au Real Madrid en 1999, puis du Real Madrid au Paris-Saint-Germain en 2000, pour respectivement deux cent vingt millions de francs et deux cent dix-huit millions de francs (à peu près trente-trois millions d'euros à chaque fois).

Les fortunes admises, ce sont également celles d'entrepreneurs fondateurs dirigeants de grands groupes nationaux ou mondiaux qui ont construit leur richesse à partir de leur compétence et de leur activité professionnelle, comme Bill Gates ou Rupert Murdoch. Comme l'argent est devenu fréquentable, certains dirigeants de sociétés et groupes d'entreprise écrivent eux-mêmes l'histoire de leur réussite professionnelle, chiffres à la clé, dans des ouvrages autobiographiques, comme un exemple à suivre. Toute une nouvelle population se trouve ainsi capable de gagner de l'argent, d'en être très satisfaite, tout en se sentant sensibilisée à l'obligation de le remettre partiellement en circulation par le mécénat, les actions caritatives et culturelles. L'argent redevient alors un système de mesure de son propre talent, mais aussi une monnaie d'échange et de redistribution.

CONCLUSION

L'échange et le don

> « Il est triste d'aimer sans une grande fortune et qui nous donne les moyens de combler ce que l'on aime et le rendre si heureux qu'il n'y ait plus de souhait à faire. »
>
> La Bruyère

Il est difficile de résoudre ses problèmes intimes avec l'argent – difficile, mais pas impossible. Il existe deux moyens d'y arriver : d'une part, la distanciation ; d'autre part, la remise en circulation et le partage – les deux positions n'étant pas exclusives l'une de l'autre.

Se distancier par rapport à l'argent, c'est déplacer ses actions et ses pensées vers d'autres centres d'intérêt, faire dériver ses instincts vers des objectifs plus intellectuels ou artistiques que matérialistes, tout en engageant une réflexion personnelle sur sa propre histoire, son parcours et son attitude face à ce sujet.

Que l'on ait beaucoup ou peu de moyens, la neutralité et la décrispation vis-à-vis de l'argent passent également par sa répartition, qui n'est pas synonyme de dépouillement.

Accumuler et retenir, c'est considérer au contraire la richesse comme unique objet de passion, au détriment de tous les autres, à l'image de la cassette obsédante de l'Harpagon de Molière. L'argent, dans ce cas, enterré et stérile, ne donne plus accès au monde, enfermé comme il est dans une boîte ou sur un écran au seul profit de son détenteur.

Or, l'argent n'a pas de valeur propre. Il ne détient que celle d'être représenté et transformé, ouvrant ainsi la voie à l'échange dans la création d'un lien social et affectif. Il est à la fois instrument de mesure et de don, comme on peut l'observer sur les pièces de monnaie romaines où l'une des faces figurait l'image du dieu, c'est-à-dire la dimension spirituelle, et l'autre celle de l'empereur, avec sa symbolique temporelle.

« Sous les échanges, le don », énonce justement Jacques Godbout dans sa conclusion de *L'Esprit du don* en réponse aux sociologues selon lesquels, sous le don, on trouve l'échange. En fait, l'un et l'autre sont indissociables : il n'y a pas de vraie libéralité sans réciprocité, sans gratification mutuelle du donateur et du donataire au-delà de la seule matérialité. Le don gratuit, sans attente de retour économique, existe ; il est porteur d'autres formes de récompense. Au Moyen Âge, coexistaient la générosité et le don gratuit, puisque les possédants étaient tenus de munificence à l'égard des travailleurs tout en se devant de les payer au juste prix, chaque travail, en particulier artisanal, ayant une valeur attribuée. Par ailleurs, dans le même souci de redistribution, le détenteur de fortune devait verser une dîme au clergé qui assurait traditionnellement la protection des plus démunis.

C'est Marcel Mauss qui a élaboré, dès 1923, dans son *Essai sur le don*, une théorie sur le cadeau et son rôle social essentiel. Dans certaines sociétés archaïques, il note que « les échanges et les contrats se font sous la forme de cadeaux, en théorie volontaires, en réalité obligatoirement faits et rendus ». Au cours des fêtes rituelles du *potlatch*, les chefs de tribu gagnants sont ceux qui se montrent le plus généreux, toujours dans le cadre « donner, recevoir, rendre », ce qui reviendrait à échanger, comme l'a souligné plus tard Claude Lévi-Strauss.

Pour régler ses comptes avec l'argent, il ne faut pas oublier que le don, l'échange, la circulation des biens, services et gestes gratuits enrichissent chacun des protagonistes.

*
**

C'est depuis le début du XIXe siècle, avec l'avènement de l'ère de la mécanisation et de l'industrialisation, que l'État a acquis un rôle social s'inscrivant dans le développement économique. Les prélèvements sociaux et fiscaux de l'État financent les services publics et doivent assurer la redistribution des biens dans un souci de justice utopique. Nous vivons en effet dans un monde d'inégalités économiques grandissantes, dans lequel la liberté se mesure essentiellement en termes de revenu. Cela crée des situations explosives. Ceux dont les ressources sont trop limitées, qu'il s'agisse des « nouveaux pauvres » ou de ceux qui vivent habituellement en-deçà du seuil de la misère, souffrent d'injustices, se posent en victimes et ne peuvent qu'engendrer de la violence dans un environnement où la fortune s'affiche depuis peu et souvent avec arrogance et cynisme. C'est de l'excès et du surplus que naissent inégalités flagrantes et conflits, l'État-providence garantissant les droits à l'assistance dans un souci de rétablir l'équilibre et la paix sociale.

Les ponctions obligatoires étatiques se révélant parfois abusives, trop contraignantes ou déviées de leur objectif primaire par une mauvaise utilisation des fonds publics, une nouvelle répartition des biens est assurée de nos jours par des institutions publiques, semi-publiques ou privées. Ce sont notamment des établissements et des associations sans but lucratif, à vocation de bien commun, avec un objectif humanitaire, caritatif et d'assistanat, dont l'action dépasse le plus souvent les frontières nationales. La collecte des fonds fait appel à la générosité et à la solidarité de chacun, avec un appât fiscal de déductibilité et une garantie minimale de bonne utilisation des moyens rassemblés. On retrouve ces institutions dans les domaines essentiels de l'éducation, de la santé et, plus généralement, de la survie. Malgré quelques rares accidents scandaleux, ce nouveau secteur des entreprises de charité, à l'exemple américain du *charity business*, prend une immense ampleur en Europe depuis une vingtaine d'années, car il substitue le volontariat à la confiscation publique tant contestée.

Il est vrai que l'initiative privée, dans la répartition de l'argent et maintenant des services, joue un rôle grandissant. Le système d'entraide entre voisins, générations, familles et malades existe et fonctionne anonymement, discrètement et gratuitement, animé le plus souvent par des réseaux de bénévoles. Comme dans le don, il y a une sorte de retour dans ces actions, même s'il s'agit d'une restitution non matérielle. Les donateurs disent tous que, dans leur action, il y a plaisir et liberté, et qu'ils reçoivent beaucoup de la part de ceux à qui ils ont distribué. Notons enfin que l'État fait souvent appel aux réseaux d'aide informels parallèles, en sus de ses propres services, lorsque ceux-ci se révèlent submergés ou incapables de répondre aux demandes.

Ceux qui détiennent les profits et contrôlent les flux financiers à l'échelle nationale ou mondiale se sentent aujourd'hui responsabilisés vis-à-vis des tiers et investis d'une obligation de partage. C'est ainsi que se sont créées de multiples fondations et institutions de mécénat à vocation humanitaire, culturelle ou économique, afin d'encourager des talents non rémunérés à leur vraie valeur, des projets d'entreprise et des actions sanitaires et sociales.

Par toutes ces actions, l'argent prend vie et circule en même temps que ses contreparties en biens et services.

En réaction contre le pouvoir jugé exorbitant de l'argent, des réseaux de trocs se sont créés depuis une dizaine d'années. Ce sont des systèmes d'échanges locaux, dits CELT, qui n'utilisent plus la monnaie comme moyen d'acquisition, mais une unité d'échange conventionnelle représentant une certaine quantité de travail. Il existerait actuellement 1 200 à 1 500 réseaux de ce type dans le monde, surtout dans les pays anglo-saxons (Canada,

États-Unis, Grande-Bretagne, Irlande, Australie), mais également aux Pays-Bas, en Allemagne et en France. À l'époque de la mondialisation, c'est une gageure que de vivre en autarcie d'échange de marchandises et de services, mais cette organisation économique satisfait les aspirations philosophiques de ceux qui rejettent le système.

Et comme le disait Mosca à la fin du film *Volpone*, après avoir distribué les richesses du sieur Volpone aux passants de la rue : « Et désormais, qu'on ne me parle plus jamais d'argent. »

BIBLIOGRAPHIE

ADÈS Jean, LEJOYEUX Michel, *La Fièvre des achats*, Paris, Institut d'Éditions Sanofi-Synthélabo, coll. « Les empêcheurs de penser en rond », 1999.

AUBERT François d', *L'Argent sale. Enquête sur un krach retentissant*, Paris, Plon, 1993.

BALMARY Marie, *Abel, ou la traversée de l'Éden*, Paris Grasset, 1999.

BALZAC Honoré de, *La Comédie humaine*, et plus particulièrement les titres suivants : *Histoire de la grandeur et de la décadence de César Biroteau*, *La Maison Nucingen*, *Splendeurs et misères des courtisanes*, Paris, Gallimard, coll. « La Pléiade », 1977.

BOLTANSKI Luc, CHIAPELLO Ève, *Le Nouvel Esprit du capitalisme*, Paris, Gallimard, 1999.

BOURDIEU Pierre, *La Distinction. Critique sociale du jugement*, Paris, Minuit, 1979.

CAILLE Alain, *Anthropologie du don. Le tiers paradigme*, Paris, Desclée de Brouwer, 2000.

CALVI Fabrizio, MEURICE Jean-Michel, *Série noire au Crédit Lyonnais*, Paris, Albin Michel, 1999.

COIGNARD Sophie, WICKHAM Alexandre, *L'Omerta française*, Paris, Albin Michel, 1999.

CORNWELL Rupert, *God's Banker*, Londres, Victor Gollancz, 1983.

DAIGNE Jean-François, JOLY Xavier, *Tempêtes sur la finance*, Paris, Flammarion, 1988.

DOSTOÏEVSKI Fedor, *Le Joueur*, Paris, Gallimard, coll. « Folio classique », 1956-1973.

DROIT Roger-Pol (dir.), *Comment penser l'argent ?. Troisième forum* Le Monde/*Le Mans*, Paris, Le Monde Éditions, 1992.

DUBEC Michel, *Les Maîtres trompeurs. Vrais et faux escrocs*, Paris, Seuil, 1996.

DUMAS FILS Alexandre, *La Question d'argent*, Paris, Calmann-Lévy, coll. « Livrets », 1970.

ERDMAN Paul, *Délit d'initié*, Paris, L'Archipel, 1998.

FREUD Sigmund, *La Naissance de la psychanalyse. Lettres à Wilhelm Fliess* (1887-1902), Paris, PUF, 1956.

FREUD Sigmund, *Trois essais sur la théorie de la sexualité* (1905), Paris, Gallimard, 1962.

FREUD Sigmund, « Dostoïevski et le parricide », in *Résultats, idées, problèmes II*, Paris, PUF, 1985.

FREUD Sigmund, *Totem et Tabou* (1912), Paris, Payot, coll. « Petite Bibliothèque Payot », 2001.

FREUD Sigmund, « Considérations actuelles sur la guerre et la mort » (1915), in *Essais de psychanalyse*, Paris, Payot, coll. « Petite Bibliothèque Payot », 2001.

FREUD Sigmund, *Le Malaise dans la culture* (1929), Paris, PUF, coll. « Quadrige », 1995.

GODBOUT Jacques T., *L'Esprit du don*, Paris, La Découverte, 2000.

GODBOUT Jacques T., *Le Don, la dette et l'identité. Homo donator vs homo economicus*, Paris, La Découverte/MAUSS, 2000.

GRAVES Robert, *Mammon and the Black Goddess*, Londres, Cassell, 1963.

INCHAUSPE Irène, *Une faillite si convenable*, Paris, Calmann-Lévy, 1999.

KINDLEBERGER Charles, *Histoire mondiale de la spéculation financière. Finance, éthique, confiance*, Paris, PAU, 1994.

LABARDE Philippe, MARIS Bernard, *La Bourse ou la Vie*, Paris, Albin Michel, 2000.

LA BRUYÈRE Jean de, *Les Caractères*, Paris, Garnier-Flammarion, 1965.

LACAN Jacques, *La Relation d'objet. Le séminaire, livre IV, 1956-1957*, Paris, Seuil, 1994.

LEVINE Dennis B., *Wall Street. Confessions d'un golden boy*, Paris, Payot, 1993.

LUNDBERG Ferdinand, *The Rich and the Super Rich*, New York, Bantam Books, 1969.

MARC Edmond, *Guide pratique des psychothérapies*, Paris, Retz, 1992.

MARX Karl, *Œuvres complètes*, Paris, Gallimard, coll. « La Pléiade », 1968.

MAUSS Marcel, « Essai sur le don », in *Sociologie et Anthropologie*, Paris, PUF, coll. « Quadrige », 1999.

MEAD Margaret, *Mœurs et sexualité en Océanie*, Paris, Plon, 1963.

MÉDA Dominique, *Qu'est-ce que la richesse ?*, Paris, Flammarion, coll. « Champs », 1999.

MOLIÈRE, *L'Avare*, in *Œuvres complètes*, Paris, Garnier-Flammarion, 1965.

MUZARD Marie, *Ces grands singes qui nous dirigent*, Paris, Albin Michel, 1993.

PIATELLI PALMARINI Massimo, *La Réforme du jugement, ou comment ne plus se tromper*, Paris, Odile Jacob, 1995.

PORTNOY Harold, *L'Argent et l'Imaginaire*, Paris, Entente, 1975.

PUZO Mario, *Au cœur de Las Vegas*, Paris, Laffont, 1978.

REISS-SCHIMMEL Ilana, *La Psychanalyse et l'Argent*, Paris, Odile Jacob, 1993.

ROEHRIG Jean-Claude, *En quête d'héritiers. Le généalogiste, la fortune et le destin*, Paris, Tallandier, 1998.

SCHEURMANN E., *Le Papalagui. Les discours de Touiavii, chef de tribu de Tiaéra dans les mers du Sud*, Paris, Aubier-Flammarion, 1981.

SHAKESPEARE William, *Le Marchand de Venise*, in *Œuvres complètes*, Paris, Gallimard, coll. « La Pléiade », 1959.
SHAKESPEARE William, *Timon d'Athènes*, in *Œuvres complètes*, Paris, Gallimard, coll. « La Pléiade », 1959.
SIBONY Daniel, *Perversions. Dialogues sur des folies « actuelles »*, Paris, Seuil, coll. « Points Essais », 2000.
SIMMEL Georg, *Philosophie de l'argent*, Paris, PUF, 1987.
SISSA Giulia, *Le Plaisir et le Mal. Philosophie de la drogue*, Paris, Odile Jacob, 1997.
SPIRE Antoine (dir.), *L'Argent. Pour une réhabilitation morale*, Paris, Autrement, 1992.
SURYA Michel, *De l'argent. La ruine de la politique*, Paris, Payot, 2000.
STEWART James B., *Den of Thieves*, New York, Simon & Schuster, 1991.
VIDERMAN Serge, *De l'argent en psychanalyse et au-delà*, Paris, PUF, 1992.
WEBER Max, *L'Éthique protestante et l'esprit du capitalisme*, Paris, Flammarion, coll. « Champs », 2000.
WHARTON Edith, *Chez les heureux du monde*, Paris, Hachette/POL, 1981.
WISEMAN Thomas, *L'Argent et l'Inconscient*, Paris, Laffont, 1976.
ZOLA Émile, *L'Argent*, Paris, Le Livre de Poche, 1985.

ADRESSES UTILES

Débiteurs anonymes
Tél. : 01 48 22 16 58
www.chez.com/debiteursanonymes

Association française des usagers de banques
5, place Auguste-Métivier, 75020 Paris
Tél. : 01 43 66 33 37
Fax : 01 43 66 31 51

Banque de France
39, rue Croix-des-Petits-Champs, 75001 Paris
Tél : 01 42 92 42 92
➢ Succursale Paris-Louvre / **Surendettement des ménages** : 01 42 92 53 19

Commission de surendettement
48, boulevard Raspail, 75006 Paris
Tél : 01 49 54 27 54
Fax : 01 49 54 27 48
➢ Des délégations de cette commission existent dans toute la France.

TABLE

DEUXIÈME PARTIE

La finance et nous : peut-on devenir riche aujourd'hui ?

Cet ouvrage a été imprimé par la
SOCIÉTÉ NOUVELLE FIRMIN-DIDOT
Mesnil-sur-l'Estrée
pour le compte des Éditions Payot & Rivages
en avril 2001

Imprimé en France
Dépôt légal : avril 2001
N° d'impression : 55498